总主编朱亚兵先生简介

1974年5月生，毕业于复旦大学经济学院获经济学博士学位、西安建筑科技大学获工学学士和硕士学位。现任上海立信会计学院监察处处长、副教授，兼任上海立信会计学院投资建设研究中心副主任、上海基建优化研究会理事及房地产委员会副秘书长。主要研究方向为拍卖理论及其运用，在基建投资、土地与房地产政策、国有企业改革、教学管理与教学研究、党建与思政等相关研究领域发表论文近20篇，主持各级各类研究课题近10项，主编教材《房地产开发企业经营与管理》，出版专著《产权竞争与国企改制》，参与编写《房地产开发与经营》、《房地产现代建设工程与造价》、《审计风险管理研究》等教材和专著多部。现参与总主编“沪江商学丛书”、“立信投资与建设丛书”和“新世纪经济管理博士丛书”等。

副总主编李军先生简介

1976年9月生，浙江杭州人，高级工程师，国家一级注册建造师，九三学社上海松江一支社副主委，政协上海松江区委委员，现任上海中锦建设集团股份有限公司董事、总裁，上海市工程建设质量管理协会会长，上海市基本建设优化研究会副会长，上海市建筑施工行业协会理事，长三角（浙江）民营经济研究会理事，多所大学兼职教授，荣获全国工程建设质量管理先进工作者，上海市建设行业质量管理优秀职业经理人，上海市建筑施工行业质量管理优秀领导者，浙江省进沪施工先进个人，发表论文多篇，主编《投资经济实务》。其管理的中锦建设集团年完成施工产值近50亿，为上海市建筑施工企业综合实力30强企业，全国工程建设质量管理优秀企业，全国和上海市用户满意施工企业，曾获得国家“鲁班奖”优质工程、上海市“白玉兰”优质工程、上海市文明工程、上海市节能示范工程、上海市观摩工程。

副总主编陈远腾先生简介

1960年8月生，广东人，高级信用管理师。先后就读于中央广播电视大学、美国纽约大学。在政府机关工作8年。1987年投身商界，历任深圳服装集团党委委员、办公室主任兼地产部经理，深圳艺丰实业集团股份有限公司董事副总裁，香港潮江城控股有限公司董事总经理，现任上海凯基置业有限公司董事长，有二十多年房地产投资和物业管理经验。现为上海基建优化研究会理事，《基建管理优化》理事会副秘书长，上海企业家协会理事，中国物业管理协会理事，中国中小型企业协会理事，上海市物业管理招投标评标专家，上海立信会计学院投资建设研究中心兼职教授。曾参与出版专著：《物业管理学》、《物业管理学案例集》（高等教育出版社）；《物业管理市场营销学》、《物业管理企业经典案例》（清华大学出版社），并在《中国物业管理》等刊物发表多篇论文。2005年获中国优秀民营企业家和共和国经济建设功勋人物称号，2006年获中华慈善之星称号。现正参与总主编“沪江商学丛书”、“立信投资与建设丛书”和“新世纪经济管理博士丛书”。

副总主编史立辉先生简介

1965年4月生，美国Liberty大学工商管理博士，复旦大学工商管理硕士，福州大学土木工程学士，英国专业管理协会注册高级职业经理人，上海市基建优化研究会常务理事兼房地产优化委员会副秘书长，复旦大学工商管理硕士评审专家，高级经济师、客座教授。1986年7月参加工作，长期从事工程技术、城市规划管理、综合经济研究、城市基础设施建设、房地产开发经营及企业管理。历任水利电力部上海勘测设计研究院工程师、院团委书记、技术处处长助理，上海市静安区城市规划管理局规划管理科科长，中共上海市静安区委办公室主任科员，静安区政府办公室综合科科长、主任助理、副处级调研员，静安区地铁建设办公室副主任，上海锦迪城市建设开发有限公司副总经理，上海达周置业有限公司副董事长兼副总经理，上海京兆置业有限公司董事长等职。历年来在香港《改革》、《上海综合经济研究》等杂志发表论文多篇，并出版个人专著《房地产企业成长理论模型与实践研究》。现正参与总主编“沪江商学丛书”、“立信投资与建设丛书”和“新世纪经济管理博士丛书”。

新世纪经济管理博士丛书

基于“商业友情—朋友形象”转化的组织间交换关系维持研究

翟森竞　著

上海财经大学出版社

图书在版编目(CIP)数据

基于"商业友情—朋友形象"转化的组织间交换关系维持研究/翟森竞著.—上海:上海财经大学出版社,2015.12
(新世纪经济管理博士丛书/黄汉江总主编)
ISBN 978-7-5642-2400-4/F·2400

Ⅰ.①基… Ⅱ.①翟… Ⅲ.①企业管理-组织管理学-研究 Ⅳ.①F272.9

中国版本图书馆 CIP 数据核字(2016)第 052453 号

责任编辑: 石兴凤
封面设计: 周卫民

JIYU "SHANGYE YOUQING—PENGYOU XINGXIANG" ZHUANHUA DE ZUZHIJIAN JIAOHUAN GUANXI WEICHI YANJIU
基于"商业友情—朋友形象"转化的组织间交换关系维持研究

翟森竞 著

上海财经大学出版社出版发行
(上海市武东路 321 号乙 邮编 200434)
网 址:http://www.sufep.com
电子邮箱:webmaster @ sufep.com
全国新华书店经销
常熟市兴达印刷有限公司印刷装订
2015 年 12 月第 1 版 2015 年 12 月第 1 次印刷

850×1168 1/32 7 印张(插页:1) 210 千字
印数:0 001-2 500 定价:30.00 元

新世纪经济管理博士丛书
编辑委员会

马　一　国家发展改革委员会投资研究所研究员
马志福　国家发展改革委员会投资研究所研究员、经济学博士后
王宏经　西安建筑科技大学教授、《基建优化》总编辑
王洪卫　上海金融学院校长、教授、博导
王剑琴　华南理工大学管理系教授
王新友　同济大学教授、博导，上海东江集团公司总裁
方荷生　苏州大学财经学院教授
甘培根　中国人民银行总行金融研究所原所长、研究员
石礼文　上海建工集团原董事长、教授级高工
龙英锋　上海立信会计学院文法学院院长、教授博士
史立辉　上海京兆置业有限公司董事长、博士、客座教授
卢　谦　清华大学教授、深圳大学教授
卢祖安　国家统计局投资统计司副司长、高级统计师
白　瑛　国家建设部著名建筑管理学家
冯　彬　对外经济贸易大学国际经济研究所副所长、教授
吕长江　吉林大学商学院副院长、教授、博导
伍　平　湖南大学教授
庄俊鸿　江西财经大学教授
关振民　东北财经大学教授
刘红薇　国家财政部部长助理、高级会计师
刘启瑞　国家财政部预算司原副司长
刘学敏　天津商学院教授
刘隽亭　天津商学院教授
刘惠生　山西财经大学教授
朱亚兵　上海立信会计学院监察处处长、副教授、博士
孙兆康　西安交通大学教授
杨　劲　重庆大学建筑学院管理学教授
杨兰茹　国家建设部审计局局长、高级经济师

杨季美　西南交通大学管理学教授
李　军　上海中锦建设集团股份有限公司总裁、高工、客座教授
李云峰　国家电网经济技术研究院战略所长、博士、研究员
李启明　东南大学土木工程学院副院长、教授
李慧中　复旦大学经济学教授
邱元拔　集美大学副校长、教授
何　征　重庆大学建筑学院管理学教授
何万钟　重庆大学建筑学院管理学教授
邱华炳　厦门大学经济学院教授、博导
沈荣芳　同济大学管理学院原院长、教授
应望江　上海财经大学教授、博士
邵以智　中国人民大学教授
陈康民　上海理工大学原校长、教授、博导
陆海平　原上海市建设委员会副主任、教授级高工
张　达　中央广播电视大学第一副校长、教授
张屹山　吉林大学商学院院长、教授、博导
张华镛　安徽大学经济学院副院长、教授
陈伟峰　上海瀛通(集团)有限公司董事长、客座教授
陈远腾　上海凯基置业有限公司董事长、客座教授
陈霜华　上海金融学院国际贸易系常务副主任、教授、博士
武克敏　上海对外贸易学院党委书记、教授
林　勇　中国人民大学教授、博士
林少培　上海交通大学建筑学院教授
林应清　原上海市房地局副局长、高级工程师
罗永泰　天津财经学院首席教授、博士
金润圭　华东师范大学商学院原院长、教授、博导
郎荣桑　中国人民大学教授
赵国杰　天津大学管理学院教授、博导

赵海宽　中国人民银行总行金融研究所原所长、研究员
赵铁生　天津大学管理学院副院长、教授
郝文贤　内蒙古财经学院教授
胡　昊　上海交通大学建工学院教授、博士后
侯　昶　南京工业大学教授
俞　冲　上海冲佳电力工程安装有限公司董事长、客座教授
姚梅炎　中央财经大学教授
聂名华　中南财经政法大学教授、博导
顾士俊　浙江大学教授
顾孟迪　上海交通大学管理学院教授、博导
钱从龙　东北财经大学教授
钱昆润　东南大学教授
徐　衡　天津财经学院教授
徐文通　中国金融学院原院长、教授
徐君如　贵州财经学院教授
唐海燕　上海立信会计学院院长、教授、博导
郭康玺　沪港国际咨询集团有限公司董事长、兼职教授
黄汉江　《基建管理优化》总编辑、上海立信会计学院工商管理学院院长、原上海理工大学投资与建设学院院长、教授、荣誉博士、博导、政协委员
黄良文　厦门大学教授
盛松成　中国人民银行上海分行原副行长、博导、教授
屠梅曾　上海交通大学管理学院系主任、教授、博导
葛玉辉　上海理工大学管理学院教授、博士
董肇君　天津城市建设学院管理系主任、教授
景宗贺　原中国建设银行投资研究所所长、研究员
傅建华　上海浦东发展银行原行长、高级经济师
雷良海　上海理工大学管理学院总支书记、教授、博导

雷仲篪　中南财经政法大学教授
廖　承　湖南大学教授
臧新民　上海浦东新区人民政府副区长、高级工程师
樊行健　西南财经大学副校长、教授、博导
潘正汇　山东经济学院教授
潘其昌　上海华晖建设集团董事长、总裁、高工、客座教授
戴复东　同济大学高新建筑技术研究所所长、教授、院士

总 序

人类进入21世纪,就进入了科学技术突飞猛进的新时代、进入了知识经济迅速兴起的新时代。为应对新世纪知识经济的挑战,人类必须坚持科学创新、技术创新、管理创新、理论创新和知识创新。因而,我们诚邀经济学博士和管理学博士们撰写"新世纪经济管理博士丛书",以传播创新的经济管理前沿知识。"新世纪经济管理博士丛书"由上海市基本建设优化研究会、上海基本建设优化研究所、《基建管理优化》编辑部和上海立信会计学院工商管理学院、投资建设研究中心等单位联合组织编纂。

上海市基本建设优化研究会成立于1985年,原名中国基本建设优化研究会上海分会,由上海市市委宣传部批准,属上海市社会科学界联合会成员,系学术性社会团体。本会的宗旨是遵守宪法、法律、法规和国家政策,遵守社会道德风尚,应用国内外先进的优化理论、方法,积极开展基建优化研究,为我国尤其是上海的现代化建设贡献力量。该研究会会员遍布上海投资与建设领域,其理事会由浦东新区人民政府、上海市建设委员会、上海市计划委员会、上海市教育委员会、上海市财政局、上海市民政局、上海市市政工程管理局、原上海市房地局、宝钢集团、上海市建工集团、上海市房地集团、上海市城建集团、上海市建材集团、中国建设银行上海市分行、上海各大建筑设计院、国家有关部委建筑设计单位和建筑局(公司)、复旦大学、交通大学、同济大学、上海理工大学、上海财经大学、华东理工大学、上海大学、华东师范大学、上海社会科学院、上海立信会计学院等领导、专家、学者、教授组成。

上海基本建设优化研究所于1992年由上海市市政工程管理

局批准成立，主要从事基建领域四技服务和基建设计优化、基建施工优化、基建投资优化、基建管理优化等方面的科学研究，同时也参与策划、编纂本专业方面的著作、教材、工具书等。

《基建管理优化》创刊于1989年，立足上海、联合华东、面向全国，拥有全国一流的基建管理研究阵营：国家有关部委领导任顾问；220多名副教授、高级工程师等以上职称的专家、学者组成的编辑委员会；110多名教授、研究员等全国著名专家、学者和厅局级以上干部组成的常务编委会。真是精英荟萃！《基建管理优化》得到了国家建设部、国家财政部、国家发改委、原国家新闻出版总署、原国家铁道部、国家统计局、中国建设银行、中国建筑总公司等有关部门领导或专家、学者的大力支持；得到了中央党校、清华大学、中国人民大学、复旦大学、交通大学、同济大学、上海理工大学、上海财经大学、上海大学、华东理工大学、华东师范大学、上海立信会计学院、浙江大学、南京大学、东南大学、南京工业大学、厦门大学、天津大学、重庆大学、哈尔滨建筑大学、深圳大学、东北财经大学、中南财经政法大学、中央财经大学、对外经济贸易大学、西南财经大学、江西财经大学、湖南大学、山西财经大学、西安交通大学、天津财经学院、贵州财经学院、新疆财经学院、浙江财经学院、山东经济学院、天津商学院等40多所大专院校领导或学者、教授的大力支持；得到了中国社会科学院、国家发改委投资研究所、中国建设银行投资研究所、冶金部建筑研究总院以及《求是》杂志等30多个研究机构领导或学者、专家的大力支持。该刊主要研究投资经济管理、基建经济管理、建筑经济管理、房地产经济管理、市政工程经济管理等学科。

上海立信会计学院是上海市人民政府举办的全日制普通高等院校，其前身为立信会计专科学校，由"中国现代会计之父"、教育家潘序伦先生始创于1928年，并在教育实践过程中，开辟了会计学校、会计师事务所、会计图书用品社三位一体的办学模式。1952

年，全国院系调整时，学校同其他财经院校合并。1980年复校，隶属于上海市人民政府。2003年设置上海立信会计学院。

学校有松江和徐汇两个校区，占地面积828亩，总建筑面积30余万平方米，校园风景秀美，设施一流，是求学求知的理想之地。拥有管理学、经济学、理学、法学、文学五个学科门类，设有会计与财务学院、工商管理学院、金融学院、财税学院、经贸学院、数学与信息学院、外语学院、文法学院、高等职业技术学院、继续教育学院、思政教研部和体育教学部12个教学院部，现有会计学、财务管理、工商管理、国际经济与贸易、金融学、英语等22个本科专业，教职工800余人，其中教授42人、副教授140余人。全日制在校学生1万人。

工商管理学院下设工商管理研究所、市场营销研究所和房地产开发管理研究所，开设的主要专业为市场营销、工商管理和房地产开发与管理。学院具有较强的师资队伍，副教授以上职称者占60%，教授占16%，具有博士学位的专业教师占80%。许多教师具有丰富的理论和实践经验，并积极从事教学和科研工作。近5年来，学院教师在各类期刊发表论文近200篇，出版各种专著与教材80多部，并取得了许多重大的成果，多项获得全国以及地区性和行业类奖励。工商管理学院将继承优良传统，使之发扬光大，并在实践中不断创新，不断赋予其新的内容。

投资与建设研究中心实行产、学、研联合办学的新体制，使产业、教学、科研密切结合，使理论与实践密切结合，切实提高教学质量和科研水平，培养出符合我国现代化建设需要的专业人才，迎接知识经济新时代的到来。该中心与有关投资单位、建设单位、设计单位、建筑安装企业、建筑装饰企业、市政建设企业、房地产公司等多种投资与建设公司以及有关科研单位紧密联合，建立师生科研基地、学生实习基地和就业基地。

“新世纪经济管理博士丛书”编辑委员会委员主要来自相关财

经大学和有关综合性大学的经济管理学界的知名学者和教授以及国家有关部委的知名专家、学者。其作者均是经济学或管理学博士或博士后。

我们真诚地预祝"新世纪经济管理博士丛书"的编纂工作圆满成功！同时衷心感谢丛书顾问、领导、编委和作者们的大力支持和热情关心！

新世纪经济管理博士丛书

总　　主　　编：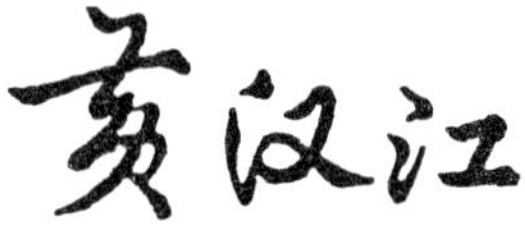

2015 年 12 月

前　言

在当前的市场环境下，大量商业组织（“商业组织”以下简称“组织”）都设法超越单次交易，与合作者建立了长期交换关系。如何在关系维持中获取更多收益，是组织关注的焦点。探讨如何有效地进行关系维持构成了一个重要的研究议题。

进行关系维持，就是对处在维持阶段的交换关系进行管理。本书以“显性契约”和“规范契约”为标识，将组织间交换关系划分为四个不同阶段：建立、发展、维持、结束，指明维持阶段代表了这样一种情形：规范契约代替显性契约，成为组织解决问题的“首选求助对象”。营销领域内有关组织间交换的文献对于如何管理维持阶段的交换关系，即如何进行关系维持，言之甚少。本书在理论和实证两个层面上构建了一个组织间关系维持的框架：它以目标组织（交换中的某个组织）传递“商业友情”、塑造“朋友形象”为起点，以对方组织从事公民行为作为终点。该框架有助于改善现阶段组织间交换关系内容的失衡现象，能够为实务界进行关系维持提供切实的指导意见。在构建该框架的过程中，本书主要进行了以下四个方面的创新：

第一，提出了组织的“商业友情”、“朋友形象”概念，构建了“商业友情—朋友形象”转化。

本书指出了 Heide 和 Wathne（2006）在界定“朋友角色”时的两个缺陷：第一，追求经济收益是组织存在的根本原因，它们会天然地以“商人角色”来从事交换活动，而不会扮演“朋友角色”；第二，“朋友角色”表达的是目标组织的“主我”朋友身份，它是自封的、无法体现出对方组织评判的。本书采用“商业友情”来体现组织朋友式的行事风格，以克服第一个缺陷；用表达组织“宾我”身份的“朋友形象”来代替“朋友角色”，反映对方组织对目标组织的评判，以克服第二个缺陷。

以“商人角色”为原点，目标组织的位置可根据其“商业友情”的多寡而定——友情多，距离原点越远；友情少，距离原点越近；无友情，则在原点上。对方通过观察目标组织的行为来感受其“商业友情”，进而判断目标组织是否或在多大程度上具有“朋友形象”，使目标组织的“商业友情—朋友形象”转化得以完成。该转化代表了一个描绘组织间关系的新视角。

第二，引入“心理契约”概念，完善了现有的组织间交换关系研究框架，并在此框架下对“商业友情—朋友形象”转化进行了解读。

营销学者目前主要采用关系契约视角来开展组织间交换关系的研究。该视角假定组织在长期接触中会达到对“如何与对方打交道”的一致理解，即“目标组织‘朋友形象’义务”与“对方（针对目标组织的）‘朋友形象’期望”会趋于一致。问题是，双方针对对方的期望存在于各自的心理契约之中，无法被对方获知；目标组织认定的朋友形象义务与对方的朋友形象期望多会有偏差，目标组织履行义务、传递友情的行为不一定会塑造出对方眼中的朋友形象。

本书引入了“心理契约”概念，用“关系契约＋心理契约”视角修订了“双方对‘如何与对方打交道’有一致理解”的假定，完善了现有的组织间交换关系研究框架。目标组织的“商业友情—朋友形象”转化体现了对方心理契约的作用，可在完善后的研究框架中获得定位。

第三，提出了商业友情的三个维度，实现了对“商业友情”的度量。

本书围绕着信息传递，在服务型连锁中抽取了反映组织“商业友情”的三个维度：“自我披露”、“亲密”、“共生倾向”。“自我披露”反映的是加盟商认为连锁商积极进行专有信息传递的程度；“亲密”反映的是加盟商在多大程度上认为连锁商通过信息传递在两者之间建立了密切的联系；“共生倾向”反映的是加盟商在多大程度上认为连锁商在信息传递中践行了互惠准则。这三个维度能够体现出不同的规范，切合了交换关系维持阶段的特征——规范契约是交换双方解决问题的‘首选求助对象’、在交换中起主导作用。

本书采用这三个维度作为一阶因子，对“商业友情”二阶因子进行反映。基于从房地产中介加盟商处获取的有效问卷，本书采用结构建模方法，对此二阶因子模型进行了分析，所得结果显示这三个维度能够反映“商业友情”。

第四，验证了传递“商业友情”、塑造“朋友形象”的作用。

本书提出了连锁商“商业友情—朋友形象”转化发挥作用的路径为：(连锁商)商业友情—(连锁商、加盟商)朋友形象—(加盟商)满意—加盟商公民行为。其中，加盟商公民行为包括“信息共享—可理解性”、“信息共享—数量”、“正向口碑”、“留存意愿”，它们不在显性契约之列，可由加盟商自由把握，却能对连锁商的经济收益产生显著影响。

本书采用偏最小二乘法，根据从房地产中介加盟商处获取的问卷对此路径进行了实证检验，结果显示：连锁商的商业友情传递会塑造出“连锁商朋友形象”和激发出“加盟商朋友形象”。通过这两种朋友形象，商业友情除不能显著促进“信息共享—数量”之外，会对“信息共享—可理解性”、“正向口碑”、“留存意愿”产生正向影响。这表明，“商业友情—朋友形象”转化发挥作用的路径总体上是成立的，以“传递商业友情、塑造朋友形象”来进行关系维持是可行的。至此，组织间交换关系维持框架得以建立。

目　录

总　序 …………………………………………………………… (1)

前　言 …………………………………………………………… (1)

第 1 章　绪论 ……………………………………………………… (1)
1.1　研究目标……………………………………………………… (1)
1.2　研究问题……………………………………………………… (16)
1.3　研究创新点…………………………………………………… (18)
1.4　研究方法……………………………………………………… (19)
1.5　本书结构……………………………………………………… (21)

第 2 章　"商业友情—朋友形象"转化的构建 ………………… (23)
2.1　"商业友情—朋友形象"转化………………………………… (24)
2.2　组织间交换关系研究框架…………………………………… (35)
2.3　"商业友情—朋友形象"转化在研究框架中的解读…………………………………………………………… (69)
2.4　本章小结……………………………………………………… (71)

第 3 章　研究假设及概念模型 …………………………………… (73)
3.1　商业友情维度的确定………………………………………… (74)
3.2　商业友情对朋友形象的影响………………………………… (80)
3.3　朋友形象对满意的影响……………………………………… (84)

3.4　满意对加盟商公民行为的影响…………………（94）
3.5　本章小结 ……………………………………（102）

第4章　研究方法……………………………………（105）
4.1　研究情境及样本收集 …………………………（106）
4.2　研究变量的度量 ………………………………（111）
4.3　假设检验模型及其分析方法 …………………（116）
4.4　度量模型分析结果 ……………………………（118）
4.5　本章小结 ………………………………………（128）

第5章　研究结果……………………………………（129）
5.1　对共同方法方差的检查 ………………………（129）
5.2　假设检验结果 …………………………………（130）
5.3　假设检验结果分析 ……………………………（134）
5.4　本章小结 ………………………………………（143）

第6章　讨论…………………………………………（144）
6.1　对检验结果的进一步讨论 ……………………（144）
6.2　本研究的理论意义 ……………………………（148）
6.3　本研究的管理意义 ……………………………（152）
6.4　本研究的局限性 ………………………………（155）
6.5　未来研究方向 …………………………………（156）

附　录…………………………………………………（159）

后　记…………………………………………………（167）

参考文献………………………………………………（169）

第1章 绪 论

1.1 研究目标

在当前的市场环境下，大量商业组织都设法超越单次交易，与其主要合作者共同构建起一种长期关系（以下简称“商业组织”为“组织”，且本书中的“组织”仅指“商业组织”）。这些组织比比皆是，例如，产品（服务）的生产方与购买方、渠道中的制造商与经销商、连锁体系中的特许商与加盟商等。它们所开展的交换活动，大多呈现出三个主要特征：第一，交换并非仅发生一次就结束，而是会重复多次；第二，多次交换发生在不间断的时间范围内；第三，交换双方在长时间的接触中会建立起紧密的关联，且这种关联会对交换本身产生重要影响（Dwyer et al.， 1987； Webster， 1992； MacNeil， 1980， 1981）。换言之，组织之间的交换（Exchange）不再以独立的单次交易（Transaction）完成，而是嵌入双方关系（Relationship）中（Dwyer et al.， 1987； Webster， 1992）。

事实上，组织可从关系中获益。对目标组织[①]而言，关系可减少双方的交易成本，保证多次交易得以高效展开，降低对方传递不

---

① 进行交换的双方 A、B 即为交换方 A、B。若以 A 为“目标交换方”，则 B 为“对方交换方（可简称为‘对方’）”；反之亦然。交换方可为个体、可为组织。本书针对的是作为商业组织的交换方，为明确起见，很多情况下使用了“目标组织”、“对方组织（同样可简称为‘对方’）”这样的表达。上述 4 种表达在本书中都会出现。

当信息、采取机会主义行为的可能,还可促进对方的配合与协同,进而为其带来切实的经济收益(Arndt, 1979; Narayandas and Rangan, 2004; Eyuboglu and Buja, 2007)。然而,目标组织在享有关系收益的同时也为关系的建立和维持支付了大量成本——它不仅要在选择交换方、与对方沟通并建立关联的过程中投入大量资源(Dwyer et al., 1987; Narayandas and Rangan, 2004),要在持续不断的交换中支付直接成本、获得成本、运作成本等(Ulaga and Eggert, 2006),还要为选择某个特定交换方而付出机会成本(Dwyer et al., 1987)。用收益弥补支出,组织在交换中收获价值(Ulaga and Eggert, 2006),并因此获得了生存和发展的基础。由此,对于处于长期交换关系中的组织而言,如何在关系维持的过程中取得更多收益是其始终关注的焦点。探讨如何有效地进行关系维持也因而构成了一个重要的研究议题。

1.1.1 交换关系维持

进行关系维持,就是对处在维持阶段的交换关系进行管理。在营销领域内,学者们对于组织间关系的研究和探讨是以呈现关系的演进轨迹、划分关系的不同阶段为起点的。Dwyer 等(1987)最先将关系契约(Relational Contracts)概念引入对组织间交换的分析中,他们以交换双方在看待对方态度上的重要转变来标识关系的演进,并将关系划分为关注(Awareness)、探索(Exploration)、扩展(Expansion)、承诺(Commitment)、解散(Dissolution)五个阶段。其中,关注是指目标交换方单方面认识到某个交换方可作为一个适合的伙伴;在探索阶段,框定交换的各种规则开始逐渐显现;在扩展阶段,双方获益及相互依赖不断增加;承诺是指双方对于保持关系持续的隐性或显性许诺;而解散的可能性存在于关系发展的全过程。关注、探索、扩展、承诺四个阶段中的任何一个都有可能直接走向解散。此后,该五阶段模型一直充当着学者们划分关系阶段的原型。例如，Morgan 和 Hunt(1994)提出，“关系营销指的是有助于‘建立、发展、维持’成功的关系交换的所有营销活动”，间接承认关系涵盖不同阶段。Heide(1994)认为，交换会经历开启(Initiation)、维持(Maintenance)、结束(Termination)三个过程，且“开启”与五阶段模型中的“关注”及“探索”的部分内容相对应，“维持”涵盖了“探索”的另一部分内容——“扩展”及“承诺”，“结束”则与“解散”相对应。Jap 和 Ganesan(2000)提出交换始于探索(Exploration)，进而累积(Buildup)，再而成熟(Maturity)，继而衰落(Decline)。虽然采用了不同的词汇，但累积、成熟、衰落阶段的特征与五阶段模型中扩展、承诺、解散阶段的特征几乎完全等同。

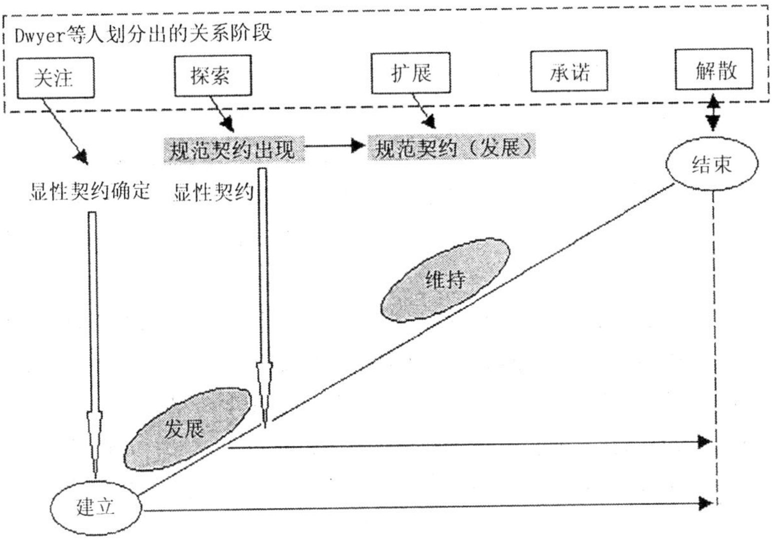

图 1-1　组织间关系的不同阶段

以 Dwyer 五阶段模型为代表的组织间交换关系阶段划分勾

勒了关系演进可能涉及的全部历程，深化了学术界对组织间关系的理解和研究。然而，Dwyer 等（1987）通过类比“婚姻”对组织间关系演进的勾画还略显粗略，未指明区分各个阶段的标识。作为细化，本书以“显性契约”（Explicit Contracts）和“规范契约”（Normative Contracts）为标识，将组织间关系划分为如图 1－1 所示的四个不同阶段：建立、发展、维持、结束，进而明确定位出维持阶段。

根据关系契约理论，契约是当事方在将交换延伸到未来的进程中所构成的各种关联，关系契约是双方关联性更强的契约；在“契约行为”这样一个连续体上，它与个别交易分别占据着两个相对的极值点（MacNeil, 1980, 1983）。营销学术界认为，组织在长期交换中不仅会逐渐缔结起关系契约（Dwyer et al., 1987; Ring and Van De Ven, 1992; Seshadri and Mishra, 2004），还会衍生出规制和指导交换的各种行为准则——关系契约规范①（Relational Contract Norms）（Heide and John, 1992; Lusch and Brown, 1996）。这些规范由两种契约共同确立：一种是双方签订正式协议，以显性契约（Explicit Contracts）来指明双方在交换中应该做什么、如何做；另一种是双方在相互接触中，逐渐就“如何与对方打交道”达成一种非正式的、隐性的共识，即以规范契约（Normative Contracts）来约束双方的行为（Lusch and Brown, 1996）。其中，显性契约是一种正式的、明确表达出来的（多为书面形式）、可被第三方如法庭予以强制执行的协议（Lyons, 1996）。它在交换方之间建立了关联，以具体条款规定了双方在交换中应尽的义务（Macaulay, 1963, 1985），其签订表征了一段交换关系的正式开启。然而，由于双方在制定显性契约时无法预见未来的所有可能情况，正式规定往往

---

① “关系契约规范”（Relational Contract Norms）是 MacNeil（1980, 1983）采用的术语，营销学者采用的对应术语为“关系规范（Relational Norms）”（Heide and John, 1992; Lusch and Brown, 1996）。以下若非强调，“关系契约规范”都用“关系规范”来表达。

不足以应对交换中出现的各种问题(Macaulay, 1963)。在长期接触中,双方会以行为上的不断试探和妥协达成一系列非正式的、无须明确表达出来的共识,即形成规范契约,并以此约束双方的行为(Heide and John, 1992; Lusch and Brown, 1996)。事实上,在更多情况下,处在长期交换关系中的双方会诉诸规范契约来处理所面临的问题(Macaulay, 1963)。

在长期交换中,显性契约与规范契约会同时存在,且在交换关系的推进中规范契约还会不断发展,故采用"显性契约"、"规范契约"来划分关系的不同阶段是可行的。在本书对关系阶段的划分中,建立与结束阶段主要作为节点事件而存在,代表的是结果;而发展与维持阶段则是连续事件,代表的是过程。具体为:(1)双方一旦缔结了显性契约,即意味着它们建立了交换关系。(2)当规范契约成为双方解决交换中出现问题的首选求助对象时,它就在交换中出现了。此时间段所对应的关系发展阶段实质上就是显性契约的作用逐渐被规范契约所代替,直至后者占据了"首选求助对象"位置的过程。当然,这种代替绝不是意味着显性契约不再有用了——它所作出的正式规定贯穿于交换关系的全程,而是说在双方面对交换中所出现的问题时,首先想到的是诉诸规范契约且规范契约也通常足以应对问题。(3)从规范契约出现一直到关系结束,都属于交换的维持阶段。在维持阶段,规范契约本身还会不断地发展,且它的作用还有可能会进一步增强。此外,在关系建立节点之后的任何时刻,它都有可能结束,即组织间的交换关系有可能会进入维持阶段,也有可能于发展阶段解体。

在本书对关系阶段的划分下,我们可以根据规范契约发挥作用的程度对关系所处阶段进行定位。与此同时,该划分方式在总体上依然承袭了 Dwyer 等(1987)的观点,与目前营销领域内的主流看法一脉相承。将其与 Dwyer 等(1987)的五阶段模型进行比对,可以认为:五阶段模型中"关注"、"探索"的结果导致了显性契约的确定、规范契约的出现;“扩展”对应的是规范契约的不断发展;“解散”对应的是关系结束;“承诺”则是交换双方在关系维持阶段努力达到的目标。而且,正如“解散”的可能性存在于关系发展的全过程,关系结束也可在其建立之后的任何时刻发生。

在本书对关系阶段的划分下,维持阶段是指规范契约出现到交换关系结束这一时间段。在维持阶段,规范契约成为交换方解决问题的“首选求助对象”,它与始终存在的显性契约一起,明确了双方展开交换所遵从的关系规范,并且规范契约本身还会不断发展,关系规范也会在相对稳定的水平上不断完善。虽然无法排除完全或几乎完全依赖显性契约的长期交换的存在(Lusch and Brown, 1996),但绝大多数组织间长期交换都受到规范契约的规制。在一般情况下,维持阶段所占据的时间远多于显性契约签订所耗费的时间(建立阶段)、规范契约酝酿所占据的时间(发展阶段),是整个交换过程的核心时间段。

1.1.2 “交换关系维持”研究面临的局限

作为核心时间段,维持阶段产出了大部分交换收益。如何对处在维持阶段的组织间关系进行有效的管理,值得研究。然而,营销领域内有关组织间交换的文献,虽有对不同关系阶段的划分,亦不乏对整体关系管理①的探讨,但几乎未论及如何对处于特定阶段的关系进行管理(Heide, 1994)。从一个更广阔的视角来看,维持是整个交换关系演进的一个阶段,关系维持融合在关系的整体管理之中。秉承这个思路,本书将对组织间关系管理的文献进行梳理,明晰其研究现状,揭示其研究不足,进而以关系管理研究的

---

① 在营销领域有关组织间关系的研究中,“关系管理”、“关系治理”两种表述都会出现。鉴于“关系管理”的不同手段是基于市场型治理(Market Governance)、层级型治理(Hierarchical Governance)、关系型治理(Relational Governance)三种治理方式发展出来的(Heide, 1994),“关系管理”涵盖的范围更广。本书主要目的不在于分析不同治理方式的作用,而在于探讨如何更好地进行关系维持,使用了“关系管理”这个表述。

不足来反映关系维持研究所面临的潜在局限。

本书认为，探讨如何有效地进行关系维持主要涉及两方面内容："如何进行关系维持"以及"如何衡量关系维持效果"。文献梳理将围绕这两个方面而展开。

（一）"如何进行关系维持"研究面临的局限

营销学者对如何管理组织关系的看法，可通过他们所采用的理论得以体现。换言之，我们可以通过被采用理论来获悉学术界对如何进行关系管理所持有的观点，继而捕捉他们对于如何进行关系维持的看法。本书发现在研究推进的过程中，两种视角先后主导了学术界对"如何进行关系维持"的看法。

1. 非关系契约视角

非关系契约视角忽视组织在交换过程中缔结的关联，也不考虑双方关联对其长期关系可能产生的影响。在该视角下，学术界认为，交换方不太会将对方作为一个因素纳入自身收益实现的体系中去，因而设定交换方在决策时会更多地以自身利益为出发点，较少考虑对方利益。

在该视角下，涉及交换关系维持的讨论主要采用了代理理论、资源依赖理论、交易费用理论。这三个理论均以交换方遵循利己主义为前提或假定，认定他们追逐自身利益最大化，较少考虑对方利益，且对自身利益的追逐甚至会引发机会主义行为（通过欺骗来获取自身利益最大化）（Heide, 1994）。其中，代理理论的使用相对较少，主要被用来分析连锁体系中的费用分摊、激励措施设置问题。从资源依赖理论中得出的"权力"、"冲突"概念一度成为学术界解析组织关系的关键词（Hunt and Nevin, 1974; Lusch, 1976; Brown et al., 1983; Gaski and Nevin, 1985）。交易费用理论下的研究多围绕着专有性投资、机会主义而展开，后又扩展至对比专有性投资与规范契约在关系管理中的作用（Heide and John, 1992;

Jap and Ganesan, 2000; Brown et al., 2000; Antia and Frazier, 2001; Berthon et al., 2003)。

在该视角下,组织关联被忽略,法律框架下双方都明确知晓的正式协议——显性契约是交换方之间的连接和纽带,其作用很受重视。在显性契约力所不及之处,则强调通过"权威"、"控制"来管理关系(Weitz, 1995)。这是20世纪70年代末到80年代中期组织关系研究中的支配性观点,但目前已不再是主流。

2. 关系契约视角

关系契约视角认可组织关联的存在,认为它会对组织间的长期关系产生重要影响。在该视角下,学术界认为交换方会将对方作为一个因素纳入自身收益实现的体系中去,将自身利益的实现与他人利益的实现捆绑起来,即虽然交换方的根本出发点依然是自身利益,但由于认可自身利益与对方利益紧密相关,它们会通过帮助对方获益来实现自身利益。

在该视角下,涉及交换关系维持的讨论主要援引了社会交换理论和关系契约理论。这两个理论均隐含假定交换方会为对方考虑:社会交换理论认为,交换收益同时包括经济收益和社会收益,其中社会收益是基于别人对自身的评价而产生的(Emerson, 1976);关系契约理论认为,交换中双方利益之所在并非各自依"个人效用最大化"来尽可能为自身获取交换盈余,而在于恰当地运用"互惠"和"团结"(MacNeil,1980,1983)。

基于社会交换理论,营销学者引入了"信任"、"承诺"、"满意"、"合作"等新变量于组织间关系的研究中(Lambe et al., 2001)。社会交换理论以及从中引出的变量,共同促进了营销领域内一个关键模型——关系营销模型的提出(Morgan and Hunt, 1994)。该模型指出某一方在交换过程中对另一方所产生的信任、承诺感会使另一方的关系维持努力收到更好的效果。该模型的提出,进一步推动了20世纪90年代初已初见端倪的信任、承诺研究浪潮。

相关代表性研究包括 Anderson 和 Narus(1990)、Anderson(1995)、Wilson(1995)、Geyskens 等(1996)、Claycom 和 Franwick(1997)、Narayandas 和 Rangan(2004)等。

基于关系契约理论，营销学者开启了研究关系交换(Relational Exchange)的新时代。首先，关系交换理念成为了此后研究的基础。例如，极具影响力的关系营销模型就明确指出它是针对关系交换而言的——“关系营销是有助于建立、发展、维持成功的‘关系交换’的所有营销活动”(Morgan and Hunt, 1994)。其次，关系规范被引入交换的研究框架中。学者们认为，此规范的效力不仅来源于正式的显性契约，而且更多地来源于交换双方在长期接触中就“如何与对方打交道”所达成的非正式共识——规范契约。规范契约被认为能约束交换方的行为，可被用于管理交换关系(Heide and John, 1992; Heide, 1994; Gundlach and Achrol, 1993; Lusch and Brown, 1996; Cannon et al., 2000; Brown et al., 2006; Gencturk and Aulakh, 2007)。进一步地，规范契约还有助于减少机会主义行为(Gundlach et al., 1995; Jap and Ganesan, 2000; Brown et al., 2000; Antia and Frazier, 2001; Berthon et al., 2003)。

在关系契约视角下，组织之间的连接和纽带不仅有显性契约，还有组织关联；显性契约虽依然能够使交换发生、确定交换，但它不再独自而是与规范契约一起，共同确保交换的实现，并且在关系维持过程中，是规范契约而不是显性契约扮演着交换双方解决问题“首选求助对象”的角色。相关研究强调依赖规范契约，对交换关系进行“家族式”(Weitz, 1995)管理或“双边”管理(Heide, 1994)。自 20 世纪 80 年代后期开始，从关系契约视角来研究交换关系逐渐成为营销学界的主流观点。

3. 研究不足与研究局限

认可交换中组织关联的存在，认可基于关联而生成的关系规范(主要是规范契约)能维持交换，带来了关系管理的新理念，是关系契约视角对整个组织间关系研究框架的根本贡献。但目前更多的研究围绕着关系营销模型中的关键变量"信任"、"承诺"而展开，对如何通过关系规范进行交换关系管理的系统化探讨相对有限。在长期交换中，信任、承诺固然能够提升关系管理的效果，却是关系规范充当着关系管理的工具、决定着关系管理效果的基准。如果该工具能被很好地利用，则信任、承诺无疑会起到锦上添花的效果；如果它没有被很好地利用，整体的关系管理效果不理想，则信任、承诺最多只是减少了不理想的程度而已。在这个意义上而言，现有的交换关系研究内容存在着很大程度上的失衡。因此，更多的研究应该着眼于分析如何基于规范契约来构建关系管理、关系维持的框架。

然而，当研究者真正对此展开分析时，又会惊讶地发现理论上规范契约发挥作用的机制在现实中几乎无法实现。根据关系契约理论，交换方在长期接触中会形成对"自身义务"及"自身（针对对方的）期望"的看法，在不断的试探和妥协中，交换双方会感受到并尝试按照"对方（针对自身的）期望"来确定"自身义务"，它们对这两者的看法会逐渐汇聚并达到一致，由此形成的规范契约在理论上体现了双方对"如何与对方打交道"的共同、一致理解。进而，在任一交换方履行"自身义务"、满足"对方（针对自身的）期望"的同时，其"自身（针对对方的）期望"也会得到满足。不过，在现实交换中，双方都只能看到对方的行为，它们可据此推测却无法准确得知对方（针对自身的）期望。为了更准确地反映现实，我们需要进一步突破关系契约视角，修订该视角下"交换方对'如何与对方打交道'的理解一致"这一隐含设定，要在理论框架下允许它们有不同的理解。

（二）"如何衡量关系维持效果"研究面临的局限

营销学者借用了组织研究领域中"效果"（Effectiveness）这个

术语来指代关系营销成果(Outcome)。相关表达主要有"关系营销效果(Relationship Marketing Effectiveness)"(Palmatier et al., 2006, 2008)、"营销效果(Marketing Effectiveness)"(Mavondo, 1999; Vorhies and Morgan, 2003)。关系维持强调对处在维持阶段的交换关系的管理,它涵括在"有助于'建立、发展、维持'成功的关系交换的所有营销活动(Morgan and Hunt, 1994)"之中,是关系营销在特定阶段的具体形式,其效果也可被视为关系营销效果的一种体现。因此,在现阶段关系维持研究匮乏的情况下,本书将采用一般意义上的关系营销效果衡量方式来反映可能的关系维持效果衡量方式。文献梳理显示已有研究主要通过两种方式来表征关系营销效果,具体如下:

1. 用绩效来衡量关系营销效果

关系营销在实践中可以表现为多种形式(Morgan and Hunt, 1994)。用绩效来衡量其效果的情形主要包括:(1)组织针对潜在个体消费者展开的营销活动,此时的绩效度量项目有市场份额增长率、销售额增长率、市场定位目标等(Mavondo, 1999; Vorhies and Morgan, 2003);(2)代表组织的个体(如销售人员)针对潜在个体消费者展开的营销活动,此时的绩效度量项目有销售额、销售额增长率、利润等(Crosby et al., 1990; Reynolds and Beatty, 1999)。

2. 用关系行为来衡量关系营销效果

"关系行为(Relational Behavior)"作为一个术语,是在组织对组织的情境中发展起来的。关系行为最初被视为与 MacNeil (1980, 1981)提出的关系规范相对应的行为(Heide and John, 1992; Lusch and Brown, 1996)。然而,组织间关系的研究文献显示学者们采用"关系行为"所表达的含义逐渐突破了"关系规范"对应行为的界限,它被用来泛指关系交换中的行为。换言之,关系交换中出现的行为都可被称为"关系行为",而体现了关系规范要求的行为只是其中的一部分，具体例证可见表 1－1 列举的一些代表性文献。通过表 1－1，我们还进一步发现研究者会根据需要选择不同的行为。

表 1－1　　　　　　　关系行为及相关研究举例

由 MacNeil 的“关系规范”所衍生出的“关系行为”			
关系规范	关系行为	研究举例(C:概念型;E:实证型)	
角色诚实			
互惠	相互性	Dant and Schul(1992)	(C)
	信息交换	Heide and John(1992)	(E)
		Lusch and Brown(1996)	(E)
团结	团结	Kaufmann and Stern(1988)	(E)
		Achrol(1997)	(C)
		Heide and John(1992)	(E)
	关系型计划	Heide(1994)	(C)
连接性规范	分担收益和负担	Wathe and Heide(2000)	(C)
权力的建立与限制	限制使用权力	Kaufmann and Dant(1992)	(C)
		Wathe and Heide(2000)	(C)
灵活	灵活	Noordewier et al.(1990)	(C)
		Heide and John(1992)	(C)
	冲突解决	Kaufmann(1987)	(C)
与社会母体的协调			
方式得当			
其他关系行为			

续表

	离开倾向	Morgan and Hunt(1994)	(E)
	默许	Morgan and Hunt(1994)	(E)
		Hewett and Bearden(2001)	(E)
	合作	Morgan and Hunt(1994)	(E)
		Hewett and Bearden(2001)	(E)
	关系创建行为	Leuthesser and Kohli(1995)	(E)
	信息指示行为		
	信息揭示行为		
说明:"信息交换"、"团结"、"灵活"三种关系行为在实证研究中的使用频率最高。			

资料来源:总结自相关研究。

对于组织(或代表组织的个体)针对潜在个体消费者展开的营销活动,学术界不仅会采用绩效指标,还会采用忠诚、口碑传播、推荐、继续交换等行为来衡量其效果(Paulin et al., 1997; Colgate and Danaher, 2000; De Wulf, 2001; Sirdeshmukh et al., 2002)。这些行为就是广泛意义上的"关系行为"。针对组织对组织的营销活动,由于组织绩效指标不易获得,学术界因而主要依赖广泛意义上的关系行为对营销效果进行衡量。例如,Morgan 和 Hunt (1994)采用离开倾向、默许、合作三种行为来表征关系营销的结果,Hewett 和 Bearden(2001)采用默许、合作来反映制造商开展关系管理的成果。

3. 研究不足与研究局限

在衡量组织对组织的关系营销效果时,现有研究主要诉诸于广义上的"关系行为",且在操作中援引了各种不同的具体行为(行为举例可见表 1-1)。然而,现有研究,尤其是实证型研究,虽然解释了所援引行为各自被选择的原因,却几乎未阐述它们为何可被同时选择,即未考虑单独行为之间的联系。例如,Morgan 和 Hunt(1994)在分析"信任"、"承诺"在关系营销中的作用时援引了离开倾向、默许、合作三种具体行为。他们认为前两个体现了承诺的影响,后一个同时体现了信任与承诺的作用。但是,这三种具体行为之间的联系却未被提及。诚然,在现有研究中,用以表征关系营销效果的各种行为往往充当最终变量,其功能主要在于体现其他变量的作用。固然忽视不同行为之间的联系尚不至于削弱单个研究的价值,对关系营销效果的衡量却因此缺乏系统性:研究者根据需要所选择的具体行为可能完全不同,且因未考虑具体行为之间的联系而无法指出这些行为的属性,以致无法有效比对不同研究,进而不能建立起关系营销效果的衡量体系。对此,后续研究在衡量关系营销或特定阶段关系营销如关系维持的效果时,应结合需要,充分考虑潜在衡量行为之间的联系,尽量使它们拥有共同属性,以便能整体传达出某种有价值的信息。

另外,考虑到追求经济利益是组织存在的前提,是其建立、发展、维持关系的终极目的(Brown et al., 2006),故经济收益可最有效地衡量关系营销效果。然而,由于组织绩效指标不易获得,现有研究主要采用关系行为来衡量营销效果,隐含地设定关系行为可促进交换方经济收益的增加。这就要求研究者尽量选择与组织绩效正相关性更强的行为来反映关系营销、关系维持的效果。现有研究似乎对此重视不足,例如表 1-1 中的相互性、限制使用权力等行为并不与组织绩效紧密相关。在不同行为对组织绩效影响程度难以获得的情况下(因为组织绩效指标通常不易获取;实际上,若其容易获取,则根本就无需诉诸关系行为),研究者应以具体情境中的组织交换实践为指导,选择与绩效尽可能紧密相关的关系行为,从而更准确地衡量关系营销效果、关系维持效果。

1.1.3 研究目标

在组织间交换关系的演进过程中,从规范契约成为组织解决问题的“首选求助对象”到关系结束这一时间段代表的是关系维持阶段。此阶段产生了大部分交换收益，占据了整个关系进程中的核心时间段。然而，对于如何管理维持阶段的关系，营销学术界却鲜有论及。据我们所知，至今未有明确针对关系维持的实证研究。本书的研究目标就是在理论层面及实证层面上构建出一个组织间关系维持的框架。该框架包含的两个关键部分为：第一，如何进行关系维持；第二，如何衡量关系维持效果。

组织间关系管理相关文献的梳理揭示了现阶段关系管理研究的不足，反映了关系维持研究所面临的潜在局限，它们恰为我们指明了探讨“如何进行关系维持”以及“如何衡量关系维持效果”的突破口。

第一，对于“如何进行关系维持”，本书考虑到契约规范在关系维持阶段已成为组织解决问题的“首选求助对象”，是关系管理的主要工具，因此将以规范契约为基础来确定关系维持框架的起点。本书提出：目标组织可借助规范契约，向对方组织传递出“商业友情”，在组织层面上塑造出一个有别于既定“商人形象”的“朋友形象”。

具体地，目标组织要明确哪些规范契约能够体现商业友情且以遵从这些契约规范的行为向对方传递商业友情。依照现阶段组织间关系研究所采取的关系契约视角，长期交换中的双方对“如何与对方打交道”会有一致理解，目标组织认定的“自身‘朋友形象’义务”与“对方(针对自身的)‘朋友形象’期望”会趋于一致；伴随着目标组织通过传递友情履行其义务，“(目标组织)商业友情”会成功转化为对方眼中的“(目标组织)朋友形象”。然而，现实是双方针对对方的期望存在于各自心理契约之中(Kingshott, 2006)，它们无法被对方获知；双方只能在交换中通过观察对方行为、揣测对方期望来确定并履行自身义务。此时，目标组织认定的朋友形象义务与对方的朋友形象期望多会有偏差，导致其履行义务、传递友情的行为不一定会塑造出朋友形象。因为对方从其行为中感受到的友情并不一定符合它对朋友形象的期望。为了反映出“商业友情—朋友形象”转化，本书将引入“心理契约”概念，修订关系契约视角下“双方对‘如何与对方打交道’有一致理解”这一隐含设定，允许它们有不同理解。本书认为，此修订会使该视角下的组织间关系研究框架能更准确地反映现实，使该框架更加完善。

第二，对于目标组织的关系维持效果，本书将依据对方的公民行为来衡量。具体地，在本书开展实证研究的连锁商—加盟商交换中，我们将采用“加盟商公民行为”来衡量连锁商(目标组织)进行关系维持的效果。“加盟商公民行为”代表的是加盟商作为独立行为主体所做出的显性契约要求之外的却又是连锁商希望的且能为其带来收益的行为。本书提出，连锁商经济收益与加盟商的“信息共享”、“口碑传播”、“留存意愿”三种具体行为紧密相关，它们可恰当地反映出连锁商进行关系维持努力所获得的回报。

综上，本书的研究目标就是在理论及实证层面上构建出一个组织间关系维持的框架：它以目标组织传递“商业友情”、塑造“朋友形象”为起点，以对方组织从事公民行为作为终点。

1.2 研究问题

与实现上述目标相关的一系列问题构成了本书的研究问题。它们同时涵括了理论和实证两个层面，具体如下：

(一) 理论层面上的问题

1. 与“商业友情—朋友形象”转化相关的问题

(1) 什么是组织间的“商业友情”？

(2) 什么是组织的“朋友形象”？

(3) “(目标组织)商业友情—(目标组织)朋友形象”的转化如

何实现？

(4) 引入“商业友情—朋友形象”转化的理论意义是什么？

(5) “商业友情”的构成维度是什么？

2. 与“公民行为”相关的问题

(1) 为什么采用对方组织的“公民行为”来表征目标组织的关系维持效果？

(2) 连锁商—加盟商关系中的“加盟商公民行为”包含哪些具体行为？

对于问题1，本书指出了 Heide 和 Wathne(2006)“朋友角色”界定中的一个缺陷：以追求经济收益为终极目标的组织不会去建立以获取社会收益为导向的人与人之间的友情。同时指出组织也会通过获取社会收益来保证长期经济收益，提出用“商业友情”来体现组织因在一定程度上虑及社会收益而采取的朋友式的行事风格。本书还指出了“朋友角色”界定中的另一个缺陷：“朋友角色”表达的是组织的“主我”朋友身份，它是自封的，无法体现出外界对组织的看法。提出用“朋友形象”来表达组织的“宾我”朋友身份，以体现对方对目标组织的看法。进一步地，本书认为“商业友情”与“朋友形象”之间的转化本身就是“宾我”朋友身份的体现：在长期的互动接触中，对方会观察目标组织的行为，从中体会“商业友情”，进而判断目标组织是否、或在多大程度上具有“朋友形象”。本书认为考虑“商业友情—朋友形象”转化，等同于接受目标组织认定的朋友形象义务与对方认定的朋友形象期望之间会有偏差，等同于突破了关系契约视角下“交换双方对‘如何与对方打交道’会有一致理解”的隐含设定。通过引入“心理契约”，允许双方有不同理解的修订在理论层面得以实现，现阶段组织间关系研究的理论框架也因此得以完善。最后，本书从在关系维持阶段起关键作用的规范契约中提取了“商业友情”的三个维度，并对各维度的内涵进行了阐述。

对于问题2，本书沿袭已有做法，在组织间关系中将采用对方的行为来表征目标组织的关系维持效果；对方的"公民行为"是对方作为独立行为主体而做出的显性契约要求之外的却又是目标组织希望的且能为其带来收益的行为，能很好地反映出目标组织关系维持效果。在连锁商—加盟商关系中，加盟商的"信息共享"、"口碑传播"、"留存意愿"三种具体行为对连锁商经济收益有显著影响，可有效反映连锁商关系维持努力的回报，它们构成了本研究中的"加盟商公民行为"。

（二）实证层面上的问题

(1) "商业友情"如何度量？

(2) "(连锁商)商业友情"能否转化为"(连锁商)朋友形象"？且进一步地，"(连锁商)商业友情"能否促进"(加盟商)朋友形象"的建立？

(3) 如果能，"(连锁商)朋友形象"能否影响"加盟商公民行为"？且"(加盟商)朋友形象"的建立意愿能否影响"加盟商公民行为"？

(4) 如果能，"(连锁商)朋友形象"如何影响"加盟商公民行为"？且"(加盟商)朋友形象"的建立意愿如何影响"加盟商公民行为"？

本书将提出研究假设，展开实证研究，根据实证研究的结果对这四个问题进行回答。

1.3 研究创新点

对于如何维持组织间的交换关系，学术界鲜有论及，且据我们所知至今未有明确针对关系维持的实证研究。本书尝试在理论及实证层面上构建出一个组织间关系维持的框架，其中涉及的创新

点主要有:

(1) 提出了组织的"商业友情"概念、组织的"朋友形象"概念,在理论层面建立了和在实证层面上验证了"商业友情—朋友形象"之间的转化。"商业友情—朋友形象"转化代表了一个描绘组织间交换关系的新视角。

(2) 通过引入"心理契约"概念,修订了关系契约视角下"交换双方对'如何与对方打交道'有一致理解"的隐含设定,使得交换双方可以有不同理解并在理论层面上得以实现。该修订不仅完善了现阶段组织间关系研究框架,而且使"商业友情—朋友形象"转化能在完善后的框架中找到对应位置,确保了它与已有研究范式的对接。

(3) 抽取了"商业友情"的三个维度,并通过它们对"商业友情"进行了度量,实现了它的操作化处理。

(4) 构建并验证了一个组织间关系维持的框架:目标组织通过传递"商业友情"、塑造"朋友形象",最终可以促进对方做出显性契约要求之外的却又是目标组织希望的且能为其带来经济收益的公民行为——"信息共享"、"口碑传播"、"留存意愿"。

1.4 研究方法

本书既结合使用了规范、实证研究方法,又同时应用了定性、定量研究方法。

规范研究主要包括:提出了组织间的"商业友情"概念,抽取了度量"商业友情"的三个维度;构建了"朋友形象"概念,阐述了"商业友情—朋友形象"之间的转化;指出了组织"心理契约"的作用,通过加入"心理契约"完善了组织间关系的研究框架,使"商业友情—朋友形象"转化能在该研究框架中找到对应位置;确定了构成"加盟商公民行为"的三种具体行为;提出了本书的研究假设,构建了一个组织间关系维持的概念模型。

实证研究主要涉及假设检验，具体包括：

第一，研究情境的选择。本书首先要求处于长期关系中的组织在法律意义上、财务意义上相互独立；本书考虑基于信息传递行为来抽取“商业友情”维度，故还要求独立组织间的交换围绕着信息传递而展开。商业型服务连锁体系中的连锁商与加盟商及其交换活动同时满足这两个条件，它们之间的关系，即连锁商—加盟商关系可作为本书的研究情境。

第二，问卷调研的开展。在以组织为对象的调研中，问卷作答者必须要有足够的、可靠的知识来反映组织的行为，必须是“关键的”信息提供者。本书通过“滚雪球”法定位到潜在的问卷作答者为加盟商方面的店东、店长或分店经理等，又通过进行资格审查确定了合格的问卷作答者。本书对连锁商负责人、加盟商店长及分店经理等多位相关人员进行了访谈，还开展了小范围的预调研。结合访谈和预调研结果，本书调整、确定了正式问卷中各研究变量的度量项目。通过电子邮件方式对问卷进行了发放及回收，获得了 156 份有效问卷。

第三，研究假设的检验。根据问卷调研所获数据，首先采用结构方程建模方法对商业友情及其三个维度开展了二阶因子分析，再采用偏最小二乘法对商业友情到朋友形象的转化和促进、朋友形象对加盟商公民行为的影响等进行了检验。所用的分析软件分别为 Amos18.0 和 Smart PLS 2.0。

其中，规范研究部分仅用到了定性分析，而实证研究部分则同时涉及定性和定量分析。例如，研究情境的选择、研究变量度量项目的修正和确定主要涉及定性分析，而假设检验则更多地涉及定量分析。

1.5 本书结构

本书除本章之外的其他章节安排如下：

第 2 章，提出并阐明了组织间的"商业友情"概念，提出了"朋友形象"概念，建立了"商业友情—朋友形象"之间的转化，梳理了组织间关系分析视角的演化，绘制了不同视角下组织间关系的研究框架。引入"心理契约"概念，对现阶段关系契约视角下的组织间关系研究框架进行了完善，确保"商业友情—朋友形象"转化能在该框架中找到对应位置，从而夯实了组织间交换关系维持框架的起点——传递"商业友情"、塑造"朋友形象"。

第 3 章，提出围绕着信息传递来抽离组织间商业友情的维度，并选择"终端提供物为无形服务的连锁体系"为具体情境。以"自我披露"、"亲密"、"共生倾向"三个维度作为一阶因子，对"商业友情"二阶因子进行反映，从而实现了对"商业友情"概念的操作化。提出了连锁商(目标组织)商业友情发挥作用的路径为：商业友情—(连锁商、加盟商)朋友形象—满意—加盟商(对方组织)公民行为，并通过探讨"商业友情对(连锁商、加盟商)朋友形象的影响"、"(连锁商、加盟商)朋友形象对满意的影响"、"满意对加盟商公民行为的影响"来勾勒"商业友情—朋友形象"转化发挥作用的路径。在此过程中，提出了本书的研究假设，构建了相关的概念模型，在理论层面上建立了组织间交换关系维持框架。

第 4 章，对实证数据的来源、收集实证数据的方法和过程等进行阐述，确定各研究变量的度量项目。构建了两个假设检验模型：第一个是商业友情三维度作为一阶因子来反映"商业友情"二阶因子的模型，它用来检验假设 H1；第二个是"商业友情"与其变量构成的模型，它用来检验 H1 之外的其他假设。指出对第一个假设检验模型的分析只涉及度量模型，具体分析方法是结构方程建模法;对第二个假设检验模型的分析则同时涉及度量模型和结构模型,具体分析方法是偏最小二乘法。最后,报告第一个假设检验模型的度量模型分析结果、拟合优度结果,报告第二个假设检验模型的度量模型分析结果。

第5章,报告第二个假设检验模型的结构模型检验结果。分析所有假设的检验结果,揭示"商业友情—朋友形象"转化发生作用的路径,查看组织间交换关系维持框架在实证层面上是否可行、有效。

第6章,对研究结果展开进一步的讨论。探讨研究结果的理论意义、管理意义,指出本研究存在的不足和进一步研究的方向。

第2章 “商业友情—朋友形象”转化的构建

传递“商业友情”、塑造“朋友形象”，是组织间交换关系维持框架的起点。解释“商业友情”、“朋友形象”概念，建立“商业友情—朋友形象”转化，也成为本研究的起点。针对 Heide 和 Wathne (2006)在“朋友角色”界定中的两个缺陷，本书提出用“商业友情”来体现组织因在一定程度上虑及社会收益而采取的朋友式的行事风格，用表达组织“宾我”身份的“朋友形象”来代替表达组织“主我”身份的“朋友角色”。本书进而指出，对方会通过观察目标组织的行为来感受其“商业友情”，进而判断目标组织是否、或在多大程度上具有“朋友形象”，使目标组织的“商业友情—朋友形象”转化得以完成。

与此同时，现有的组织间交换研究框架采用了关系契约视角，隐含地假定“交换双方对‘如何与对方打交道’有一致理解”。本书将引入“心理契约”概念，修订关系契约视角下的这一隐含设定；本书还将采用“关系契约 + 心理契约”视角完善现有的研究框架，并在完善后的框架中对“商业友情—朋友形象”转化进行定位。唯此，“商业友情—朋友形象”转化的构建工作才可完成。

2.1 “商业友情—朋友形象”转化

2.1.1 “朋友角色”概念

(一) 组织角色

Heide 和 Wathne(2006)依据角色理论界定了组织在交换中的角色。角色理论源于“对于戏剧演出的比喻”,它提出如同戏剧中的演员根据剧本来演出,真实社会中的个体会按照某种规范来行事——个体会根据自身的社会身份和所处的社会情境而采取不同的行为方式(Biddle, 1986)。

尽管社会学者的初衷是用角色理论来解释个体在不同社会情境中的特征行为,但营销学者发现它也可用于分析交换关系中的组织行为,例如,探析渠道关系中批发商和零售商的职能(Heide 和 Wathne, 2006)。Heide 和 Wathne(2006)进一步阐明了“组织角色”概念内涵,将以“人性的个体”为分析对象的角色理论明确地引入对“非人性的组织”的研究之中。他们提出:“组织角色”体现了组织作为一个抽象个体的“集体心理”,传递了“组织身份”。具体地,组织的集体心理可以汇集,进而协调整合内部成员针对某一问题的各种不同感受为一个共同意见,使得“非人性的组织”可以如同“人性的个体”一般进行决策。

Heide 和 Wathne(2006)引用了 March(1994)的观点,指出一个组织在进行决策时需要回答三个关键问题:自己所处的情形是什么?自己的身份是什么?在所处情形中自己应该遵循怎样的行为准则?他们认为对前两个问题的回答主要涉及组织对自身的归类,对第三个问题的回答则使组织明确了自己想要扮演的角色。

这种界定组织角色的方式实际上沿袭了角色理论中“不同的角色可以通过其遵循的行为准则得以体现”(Biddle, 1986)这一观点。这两位作者还进一步解释,若组织间建立了长期交换关系,则双方的行为准则就是各种关系规范。

(二) 朋友角色

Heide 和 Wathne(2006)明确界定了两种组织角色,其中的一种是“朋友角色”(Role of a Friend)。该角色在交换中遵守“适宜原则”(Logic of Appropriateness),其决策模式受行为准则驱使。换言之,依据某种合适的准则来决策的交换方,扮演的是一种朋友角色;扮演朋友角色的交换方,会依据合适的准则来决策。

这两位作者通过诉诸社会学中的观点,对交换方遵循合适行为准则的动机进行了解释。他们依据嵌入理论(Uzzi, 1997),指出个体嵌入在社会之中,个体之间的关联会对交换产生重要影响;这种影响可以使交换方依据某种合适的准则来行动,而不论经济收益如何。他们还引用了 Uzzi(1997)实地访谈中的一个例子:一位制衣公司的产品经理放弃了自身利益与一个朋友签约,以帮助该朋友渡过难关,进一步为“朋友角色”的行为动机提供了支持。然而,对于个体间的关联为什么可以促使交换方不计经济结果而行动,Heide 和 Wathne 并未论及。本书认为,社会交换理论可为此提供一个答案。该理论认为,个体在交换中可以获得经济收益和社会收益,且经济收益固然重要,但社会收益如个人声望、名声等同样甚至更加重要(Lambe et al., 2001)。如此,Uzzi 例子中扮演了朋友角色的交换方就是牺牲了经济收益,获得了社会收益。

这暗示 Heide 和 Wathne 界定出的“朋友角色”会在某些情况下为了社会收益而舍弃经济收益。这意味着在交换中欲扮演“朋友角色”的组织会将社会收益置于自身经济收益之前。换言之,在经济结果不利的情况下,它对某种合适准则的遵守可能会牺牲掉自身的经济收益。

(三)朋友角色与商人角色的区别

Heide和Wathne(2006)界定出的另一种组织角色是"商人角色"(Role of a Businessperson)。其界定遵循的是角色理论中的另一个观点:不同的角色也可通过行为结果得以体现(Biddle, 1979)。如果组织在交换中遵从"结果原则"(Logic of Consequences),着眼于实现基于经济收益的效用最大化,以结果为导向来决策,则它扮演的或想要扮演的就是商人角色。

这两位作者认为理性选择理论可对商人角色的行为动机进行解释。该理论认为,个体行为的根本动机是效用最大化,而不是对某些准则的遵守。他们进一步举例为:用于研究组织间关系的理论如博弈论、委托—代理理论等假定参与者的目标是个人效用最大化,而交易费用理论甚至认为交换方会采取欺骗手段来获取个人利益。这意味着Heide和Wathne界定的"商人角色"在任何情况下追求的都是尽可能多的经济收益,追求的是基于经济收益的效用最大化。

"商人角色"对效用最大化的追求并不意味着它绝对排斥遵守行为准则,只不过商人对准则的遵守是为了实现经济收益。相对而言,对行为准则的遵守会转化为"朋友角色"一种内在义务,未能履行该义务会导致它丧失对于自身的认同(Montgomery, 1998)。可见,Heide和Wathne界定的"朋友角色"和"商人角色"最根本的区别在于两者行为动机的不同。

2.1.2 "朋友角色"概念的缺陷

Heide和Wathne以行为动机来区别组织角色的方式使"朋友角色"概念面临两个重要缺陷。

第一,将"朋友角色"概念从人际关系中直接移植到组织交换中实质上忽视了一个关键差异——“人性的个体”与“非人性的组织”对经济收益和社会收益的看法截然不同。对于社会中的个体而言，经济收益和纯粹的社会收益都具有价值；个体朋友注重社会收益，他们能够从对方好评、自身声誉中得到非经济性的、情感上的满足。而追求经济收益却是组织存在的根本原因（Brown et al., 2006）。对它们而言，经济收益意味着价值（经济学中界定为“效用”），纯粹的社会收益本身毫无价值，它们会天然地以“商人角色”来从事交换活动。不仅如此，社会中的个体更加注重社会收益，他们在某些情况下可以为了社会收益而牺牲经济收益（Berndt, 1986; Arunkumar, 2001）。例如，扮演朋友角色的产品经理放弃了自身的经济收益去帮助其朋友渡过难关（Uzzi, 1997）。由于自身良好的声誉能够增强对方的信任、满意等，交换中的组织同样注重社会收益，它们会通过遵守某些准则，甚至在某些情况下牺牲掉短期经济收益等方式来获取社会收益。然而，其行为绝非为了社会收益本身，而是希望以社会收益为手段，将自身的短期经济收益与长期经济收益协调起来（Scott, 2000; Feinman, 2000）。换言之，对于组织而言，社会收益本身并无直接价值，它只是组织获取经济收益的“跳板”而已。

第二，Heide 和 Wathne 认为某种角色可由扮演该角色的目标组织的动机而体现，但于对方而言，此动机是无法考察和度量的。组织在长期交换中，会逐渐缔结起关系契约、衍生规制和指导交换的各种行为准则，形成一系列非正式的行为规范，如灵活性、互惠性等。目标组织对这些规范的遵守，多大程度上是为了实现自身经济收益、多大程度上是因为它们已经内化成了自身义务，又或者两者兼而有之，对方根本无法直接知晓。它所能做的是考察目标组织的具体行为，进而通过“观其行”对其所扮演的角色进行评判。事实上，交换的相互性决定了某一方自封的角色没有意义，该角色只有得到了另一方的认可后才会对其行为产生切实的影响，某一方的角色扮演才有价值。

综上,“非人性的组织”视社会收益为获取经济收益的跳板,它们在交换中天然地扮演着“商人角色”,不会如“人性的个体”般扮演“朋友角色”。同时,对方也无法体察目标组织的行为动机,只能通过观察其行为对其所扮演角色进行评判。Heide 和 Wathne 指出,通过考察组织角色来分析交换代表了组织间关系研究的新方向,但“朋友角色”界定中的这两处缺陷很可能掣肘其发展。对此,本书提出用“商业友情”概念来体现扮演着“商人角色”的组织在多大程度上会让对方感到它像个朋友一样行事,以克服第一个缺陷;用“形象”概念来反映对方对目标组织“角色”的评判,来克服第二个缺陷。

2.1.3 “商业友情”概念的提出

友情本用来描述个体之间的一种关系,但以术语“友情”来刻画组织与组织之间的关系在学术研究领域也相当普遍。例如,在政治学领域,“友情”被用来描述国家之间的关系(Digeser, 2008)。本书在此用它来表述组织在交换时的情形。

个体之间的友情主要有两个目的:一个是为了满足情感需求,另一个是为了满足功利性目的(Silver, 1990; Koehn, 1998; Schonsheck, 2000)。正如组织的存在是为了获得经济利益,组织间即便在交换中建立了友情,也不是为了情感需求,而是为了赚取经济收益、实现功利目的。为了体现组织间友情的功利性,Price 和 Arnould(1999)对商业交换中包含功利成分的人际友情的称谓,将组织之间的友情明确为“商业友情”。

在交换中,组织虽天然地扮演着“商人角色”,却也有传递“商业友情”的动机和出发点。比如,目前市场环境多变导致经营的不确定性不断增加,组织不得不采取措施来稳定交换关系,减少自身的经济收益风险。它们会以“社会收益”为“跳板”,维持与对方的交换，进而获得一个长期、稳定经济收益的保障。为了赚取社会收益，组织会倾向于遵守为对方所接受的准则、会注意自身的行为方式，甚至在某些情况下牺牲掉短期经济利益，以便建立起自身声誉，促进对方的信任和满意。目标组织在更多的情况下会避免直接命令、强制等单边治理方式，而是采取一种类似于个体间友情的朋友式的行事风格。这种由目标组织通过行动所展示出的、被对方所接收到的朋友式的行事风格，就是“商业友情”。

如果以“商人角色”为原点，则目标组织的位置可根据其“商业友情”的多寡而定——友情多，距离原点越远；友情少，距离原点越近；无友情，则在原点上。且这个位置的确定不是由目标组织（友情的发送方）而是由对方组织（友情的接收方）来完成的。

2.1.4 “朋友形象”概念的提出

组织角色体现了组织的“集体心理”，传递了“组织身份”（Heide and Wathne, 2006）。“组织身份”的界定包括“宾我”和“主我”两个角度。鉴于对方无法获悉“主我”角度下的目标组织身份——“朋友角色”，本书提出了“宾我”角度下的目标组织身份——“解释性朋友形象”。该形象由“（目标）组织欲建立朋友形象”和对方眼中的“（目标）组织朋友形象”两方面构成，可用来替代已有的“朋友角色”概念。

（一）组织身份

“自我”要回答的是“我是谁”的问题。Erikson 最先对其进行了概念化，指出自我（Self）具有三个不同层次上的身份（Identity）：潜意识中的自我身份（Ego）、私人身份（Personal Identity）、社会身份（Social Identity）（Schwartz, 2005）。潜意识中的自我是隐含的、无法衡量的。私人身份体现了个体自身的目标、特点、偏好、行为规范、价值、信条等，它可被考量、可用来表征自我（Schwartz,

2005；Howard，2000）。作为社会中的个体，其私人身份只有通过与其他个体的互动接触才能体现出来，这个体现出来的身份就是社会身份（Burke，1977；Burke，1980；Howard，2000）。根据社会身份理论，在与他人进行接触的不同社会情境中，个体自我会呈现出不同的社会身份，即个体会根据自身在某个关系中所占据的位置以及与该位置相关的社会角色来对“我是谁”这个问题进行回答（Ashforth and Mael，1989）。

根据原始定义，组织身份是组织成员对其所处组织存在性的一个思考，是对“作为一个组织我们是谁?”这样一个问题的回答（Albert and Whetten，1985）。身份作为个体层面研究中的一个术语，之所以能够被引入组织层面的研究中，主要依据这样一个观点：将个体层面研究变量引入组织层面的研究中时，若两者具有“功能相似性”，则视为可行（Morgeson and Hofman，1999）。因此，由不同成员构成的组织，可以不被视为不同成员的集合，而被视为一个比喻意义上的个体；组织界定其身份就相当于该抽象个体对“我是谁?”这个问题进行回答（Cornelissen et al.，2007；Cornelissen，2002，2005，2006；Hatch and Schultz，2002）。Heide 和 Wathne(2006)认为，组织成员的心理构成了组织作为抽象个体的“心理”，表明他们正是基于“功能相似性”将个体层面上的“身份”概念引入组织层面。

（二）组织的“朋友身份”

社会中的个体自我涵括了不同的社会身份，每一个社会身份都与社会结构中的某个位置相关（Burke，1977；Stryker，1980；Stets and Burke，2000；Schwartz，2005）。例如，对于同一个“我”而言，在工作时的“上司/下属”关系中“我”是一个“上司”，在家庭内的“母亲/女儿”关系中“我”是一个“母亲”，在购物时的“服务员/

顾客”关系中“我”又是一个“顾客”。在人类社会广泛存在的一种人与人关系——朋友关系中，该个体对“我是谁”的回答为“朋友”。可见，朋友身份是一种社会身份，它是自我在社会身份层面上的一种定位。

与个体处在不同的社会关系中类似，组织也处于不同的外部关系中。其外部“观众”或“利益攸关者”包括顾客、供应商、竞争者、监督者等不同利益群体(Bromley, 1993; Hatch and Schultz, 1997; Brickson, 2005)，组织也会通过不同的身份来体现自我。由此，朋友身份也标识了组织的一种社会身份，它是目标组织在与合作者进行商业交换时所呈现出的身份。

(三) 组织“朋友形象”对“朋友角色”的代替

在对社会身份进行研究的过程中，社会学者Mead(1934)的研究有着重大的影响。Mead认为个体的身份包含两个部分：“主我”(I)和“宾我”(Me)。他指出，“主我”是个体对于他人态度的回应，“宾我”是个体认为的他人对自身的态度；他人的态度构成了“宾我”，而个体以“主我”对其进行回应。“主我”是主观上的自我，“宾我”则是别人眼中的、客观化了的自我。Jenkins(1996)根据Mead对个体层面上主我、宾我的界定来分析组织身份(Hatch and Schultz, 2002)，指出“主我”类似于组织内部对于自身的看法，“宾我”类似于外部对该组织的界定(Hatch and Schultz, 2002)。

Heide和Wathne认为，某一交换方扮演着“朋友角色”，是因为该交换方认为自己具有“朋友身份”，他们主要依据“主我”来对组织身份进行界定。然而，外界无法获悉目标组织对自身的界定，它们所能做的是考察目标组织的具体行为，进而通过“观其行”对其角色进行评判。换言之，能够体现外界对目标组织看法和态度的是“宾我”。而且，虽然“主我”既唤起了“宾我”，又对其进行了回应，但"宾我"更加重要：它体现了外界对个体的判断，需要个体对之进行反应(Monroe et al., 2000)。本书着眼于探讨组织间的交换关系，从"宾我"出发来考量组织身份不仅具有可行性，也更有意义。

Mead认为，"宾我"是个体认为的他人对自身的态度。在组织行为学研究中，Dutton等(1994)将"宾我"角度上的组织身份明确为"解释性外在形象"(Construed External Image)，用它来指代组织认为的外界对它的看法。由此，"解释性外在形象"概念接近"宾我"概念。Hatch和Schultz(2002)指出，外界对于组织的看法实际上并不受"组织认为外界如何看待自身"的影响，它只是外界观点的直接反映。借鉴他们的研究，本书采用"形象"(Image)来反映外界对于组织的看法，即"形象"体现了"别人眼中的自己"，是外界对于"此组织(目标组织)是谁?"这个问题的回答(Hatch and Schultz, 2002; Brown et al., 2006)。然而，外界眼中的组织形象未能完全地体现组织的"解释性外在形象"——组织认为外界对自身的看法。本书认为，目标组织所认为的外界眼中的"组织形象"来源于目标组织希望向外界传达的形象，它回答的是"我(目标组织)希望外界认为我是谁?"这个问题(Giola et al., 2000; Brown et al., 2006)。这种形象是目标组织传递出的一种投射形象(Giola et al., 2000)，代表了目标组织自身的"欲建立形象"(Intended Image)(Bernstein, 1984; Brown et al., 2006)。"形象"和"欲建立形象"相结合，形成了对于组织"解释性外在形象"的刻画，完成了对于组织"宾我"身份的表征。"主我"、"宾我"、"组织形象"、"组织欲建立形象"之间的关系如图2-1所示。

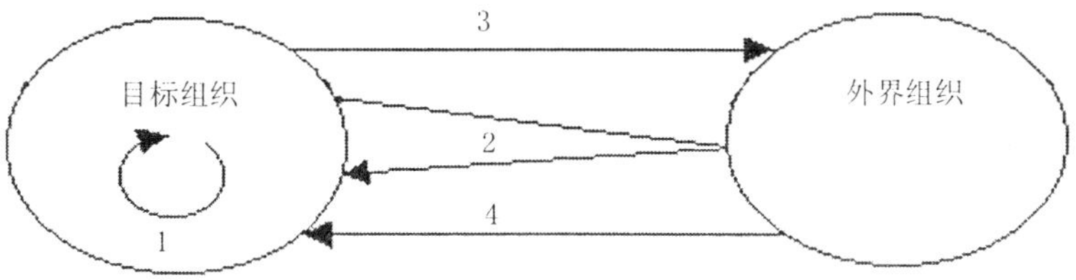

资料来源:调整自 Brown T.J. 等(2006)。

图 2-1 “主我”、“宾我”、“组织形象”、“组织欲建立形象”之间的关联

Heide 和 Wathne 从“主我”角度界定出的目标组织身份——“朋友角色”,对方无法获悉;而“宾我”角度下的目标组织身份——“解释性朋友形象”,既涵盖了目标组织希望的对方看法,也体现了对方对目标组织身份的看法。本书在此用“宾我”角度下的两个“朋友形象”来替代“主我”角度下的“朋友角色”,它们具体为:“(目标)组织欲建立朋友形象”和对方眼中的“(目标)组织朋友形象”。

2.1.5 “商业友情”与“朋友形象”的关系

在交换中,组织会天然地扮演着“商人角色”。但如果目标组织欲建立朋友形象,它便会采取一种朋友式的行事风格,向对方传递出“商业友情”;而对方是否认可、在多大程度上认可目标组织的朋友形象,则有赖于它对目标组织行动的主观感受和评价。理论上,对方越是认为目标组织像朋友般行事,就越会认可其朋友形象。以 A、B 分别指代目标组织、对方组织,则“A 欲建立朋友形象”、“A 商业友情”、B 眼中的“A 朋友形象”之间的关系可表示为图 2-2。

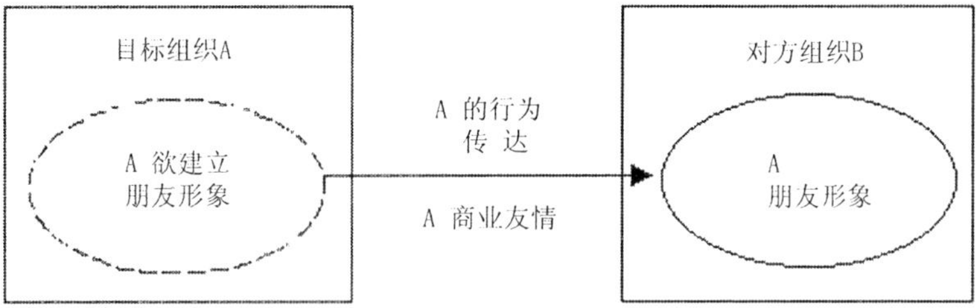

图 2-2 “A 欲建立朋友形象”、“A 商业友情”、“A 朋友形象”之间的关联

进一步地，双方在交换过程中不仅会判断对方的朋友形象，还会考虑自己在多大程度上也愿意塑造朋友形象，这个关系如图 2-3 所示。站在对方组织 B 的角度，目标组织 A 传递的商业友情不但会影响 B 对 A 朋友形象的判断，还会影响 B 欲建立朋友形象的程度。理论上，A 传递出的商业友情越多，B 自己塑造出朋友形象的意愿就越强烈。

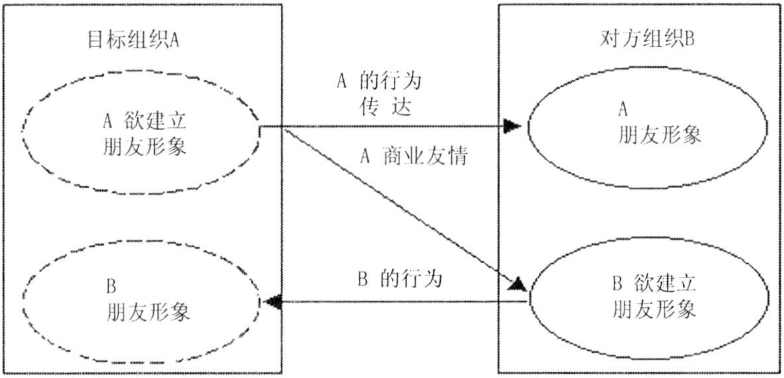

图 2-3 “A 商业友情”、“A 朋友形象”、“B 欲建立朋友形象”之间的关联

本研究主要关注“(目标组织A)商业友情—朋友形象”转化(见图2-2),这是组织A进行交换关系维持的起点。作为补充,本研究也会考察“(目标组织A)商业友情”对“(对方组织B)欲建立朋友形象”的促进作用(见图2 3)。这两方面将完整地展示出组织A进行商业友情传递所达到的直接效果。

2.2 组织间交换关系研究框架

2.2.1 关系契约及关系契约视角

MacNeil从契约视角来探悉人类社会的交换,认为只要是有交换的地方就有契约存在(MacNeil, 1980)。契约(Contracts)是“双方在将交换延伸到未来的进程中所构成的各种关联”。关系契约(Relational Contracts)是关联性更强的契约(MacNeil, 1980, 1983)。自20世纪80年代以来,关系契约理论已被法律、经济学、组织管理、营销等多个领域内的学者所采用,借以分析各种交换活动。本书在此也将采用关系契约视角来分析组织间的交换,以期为构建、完善组织间交换现有研究框架奠定基础。

(一) 关系契约

如果设定关系契约占据着“契约行为”连续统一体的一个极值点,则占据另一个极值点的就是仅存在于理论上的完全个别交易(以下简称“个别交易”)(MacNeil, 1983)。在个别交易中,交易双方之间除了交换之外不存在任何关联,不存在“任何关联”基础上的契约行为(MacNeil, 1980)。鉴于脱离个别交易就无法理解关系契约(MacNeil, 1983),本书将通过与个别交易进行对比来呈现关系契约的内涵。

个别交易可被简单地概括为:在“过去”及“目前”都没有任何

关联的情况下，交易双方所展开的“持续时间非常短、交易过程中仅涉及极其有限交流”的“单次”交换（Gudel, 1998）。而且，交换物能够被精确衡量，交换所涉及的各个方面可被完全计划好，双方在交换完成之后的“未来”不再有任何关联。个别交易仅存在于理论中，在现实中无法实现（MacNeil, 1981, 1983）。此概念的价值就在于它可被用作比较对象，使关系契约的内涵在与其进行比较的过程中得以明晰。关系契约与个别交易之间的区别可见表 2－1。

表 2－1　　关系契约与个别交易的区别

	个别交易	关系契约
交换参与者的人际关联	极其有限的人际关联； 关联本身并不强调交易者是“谁”，只强调交易者的存在	广泛的人际关联； 强调交换方存在、强调交换方是“谁”； 关系契约具有“关联”的特征
交换的开始 持续时间 终结	开始时间节点明晰； 持续时间短； 结束时间节点明晰	开始时间节点无法准确把握； 持续时间长； 结束时间节点模糊
交换涉及项目的明确和度量	所有项目都必须加以明确和度量	一些项目（例如产品的数量、价格）可被加以明确和度量； 社会性的、心理上的满意（例如声望）无法加以明确和度量
对于交换的计划	对交换涉及项目（例如价格、质量、付款方式）进行计划； 计划是完全的、确定的	相比于交换涉及项目，更着眼于对交换所采取的过程和框架进行计划； 计划是不完全的； 计划涉及很大的灵活性，未来很可能会发生改变
利益及负担的分配	能够明确划分双方的利益和负担	无法明确划分双方的利益和负担
相互依赖 未来合作 团结	相互依赖“转瞬即逝”，可忽略不计； 没有未来合作的可能； 没有团结的必要和基础	相互依赖明显； 具有未来合作的要求和动机； 合作的要求和动机奠定了团结的基础
交换中的权力		双边权力的行使； 在关系契约中扮演非常重要的角色

续表

	个别交易	关系契约
双边权力及衍生的单边权力	双方会从交换对象(产品或服务)的所有权中获得各自的单边权力; 在双边权力的行使过程中不会有某一方获得新的单边权力	双方会从交换对象(产品或服务)的所有权中获得各自的单边权力; 在双边权力的行使过程中可能会有某一方获得新的单边权力
新的单边权力的形成	仅能通过外在的法律保证获得	不仅可以通过外在的法律保证获得,还可基于交易方的内部义务而产生
注释:(1)单边权力是指交换方具有的无须对方同意便能对其产生影响的能力; (2)若在某一个交换过程中,双方能够同时减轻由于自身单边权力的行使而给对方造成的限制,则认为交换双方在行使双边权力。		

资料来源:整理自 MacNeil(1981)。

(二)关系契约视角

根据关系契约建立的基础和其理论体系框架,本书认为它涵盖了三个基本前提。一旦采用关系契约来分析交换,即采用"关系契约视角",则意味着同时认可如下三个前提。

前提 1:认可交换中伴随着关联。

任何社会都无法离开交换(无论是涉及物质利益、非物质利益,还是两者的混合)而运转(Ivens and Blois, 2004),而任何交换也都不是在真空中而是在社会中进行的(MacNeil, 1980)。社会成员之间的任何交换都天然地具有社会最基本的特征——关联属性。这种关联可以是双方在交换的基础上所形成的直接联系,也可以是双方囿于社会情境所产生的、不可避免的间接联系,如交换货币被双方共同认可、交换语言被双方共同理解。

根据 MacNeil(1980, 1981, 1983)的表述,双方在将交换延伸到未来的进程中所构成的各种关联就是"契约",关联性更强的契约就是"关系契约"。由此,关系契约所处的交换是具有关联性的交换，承认关系契约首先要认可交换中伴随着关联。

前提2：认可关系契约会在交换中发挥作用。

与经典经济学中"人完全自利"的人性假设不同，关系契约理论提出：作为社会中的一员，人既是完全自利的，又是完全的社会生物；人既会优先考虑自身利益，又会把其他社会成员的利益置于自身利益之前(MacNeil，1980，1983)。在交换中，人也并不像经典经济学所指出的以"追求个人效用最大化"为唯一动机、以仅考虑自身的"个人效用最大化"为行为导向；相反，为了满足既"完全自利又完全是社会生物"这两种分裂却又同时存在的自身属性，人会采取"互惠"和"团结"的行为导向(MacNeil，1983)。互惠意味着自身可以从对方得到回报，从而减轻因为要同时满足两种动机而产生的压力感；团结则让人感到自己可以依赖对方，从而能够将互惠随时间不断推进(MacNeil，1983)。在交换中，双方利益之所在并非各自依"个人效用最大化"来尽可能为自身获取盈余，而在于恰当地运用"互惠"和"团结"(MacNeil，1983)。

对"互惠"和"团结"的遵循内在地要求交换双方建立起更强的关联、缔结出关系契约；若无关系契约，"互惠"和"团结"行为导向便无生成基础。由此，采用关系契约视角要进一步认可关系契约会在交换中发挥作用。

前提3：认可关系契约通过关系契约规范在交换中发挥作用。

(1) 关系契约规范的含义

所有的交换都是通过具体行为而展开的，发生在"真实生活"中的操作行为能够最直接也最大限度地影响交换双方(MacNeil，1983)。经过持续接触，各种行为准则会在双方的具体行为中逐渐形成。一些行为准则得到了认可，成为了双方的习惯。再经过由"是这样"到"该这样"的转化，规范便在此基础上生成了(Gundlach and Achrol，1993；MacNeil，1983)。这些规范不仅反映了契约关系中目前出现的行为，而且决定着要将关系进行下去必须和应该采取的行为(MacNeil, 1983)。它们构成了一种相对稳定的、为交换双方所共同认可的行为模式,反映了行为应该遵守的恰当原则。MacNeil 界定下的"契约"涵括了人类社会所有的交换关系(即使个别交易也被认为是交换关系连续统一体的一个极端点),而"出现在各种契约中的不同的、特有的规范的一个概括"就是关系契约规范[①] (Relational Contract Norms)(MacNeil, 1983)。

不过,在不同的契约类型中,不同规范的重要性并不等同。此重要性的体现不仅仅是相关规范被强调了,更重要的是这种强调是以一种形变的方式进行的。前者相当于仅将相关规范置于"放大镜"之前;后者则相当于将所有的关系契约规范置于"哈哈镜"之前,从而使一个整体扭曲的形象现于镜中——在相关规范被放大了的同时,其他规范或没有被同等地放大、或被缩小、或没有变化(Ivens and Blois, 2004)。

(2) 关系契约规范的构成

MacNeil 将规范划分成三类:一般性契约规范、个别交易规范、关系契约规范(MacNeil, 1980)。一般性契约规范共有 10 项,其中,"计划的执行"、"同意的实现"构成了个别交易规范,其他 8 项是形成关系契约规范的基础(MacNeil, 1980, 1983)。也就是说,在标签为"个别交易"的"哈哈镜"中,"计划的执行"与"同意的实现"会被扭曲放大,而其他 8 项规范则会被扭曲缩小到几乎无法看到。而在标签为"关系契约"的"哈哈镜"中,其他 8 项规范会被扭曲放大,"计划的执行"与"同意的实现"则会被扭曲缩小到几乎无法看到。换言之,"计划的执行"与"同意的实现"反映并主导着个别交易中的行为,其他 8 项规范则刻画出了关系契约中的行为方式。MacNeil(1980, 1983)对这 8 项规范进行了整合,最终提出了

① 本书在第 1 章指出,若非强调,"关系契约规范"都用"关系规范"来表达。但这里显然是对 MacNeil 所提出术语的明晰。

5 项关系契约规范。三类规范的具体项目如图 2－4 所示。

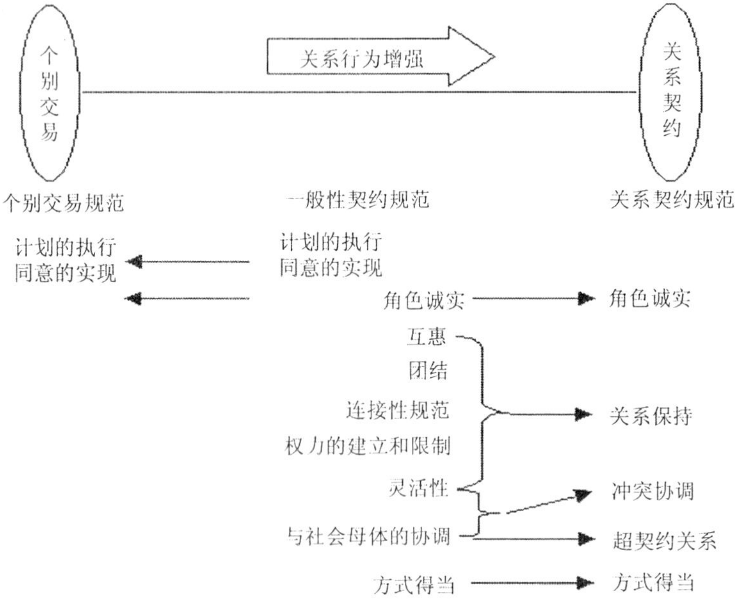

资料来源：整理自 MacNeil(1980,1983)、Ivens 和 Blois(2004)。

图 2－4　个别交易规范、一般性契约规范、关系契约规范的项目

在图 2－4 中，“计划的执行”、“同意的实现”有助于加强交易的“个别性”和“现时化”，使其尽量接近理论上的个别交易(MacNeil,1983)。“角色诚实”要求目标交换方采取某种不变的行为方式以促使对方形成这样一种期望：预期目标交换方会恰当地行事(Gudel,1998; Ivens and Blois, 2004)。“互惠”表示任何一方在为对方付出后，必须从对方获得相应回报；“团结”在双方之间建立依赖感，促使交换能沿时间维度不断推进；“连接性规范”确保交换规则能够确保不当得利的返还、保护信赖利益和期待利益；“权力的建立和限制”是指限制使用经由法律生成的单边权力;“灵活性”是指在有限理性的前提下,无法对未来进行完全计划,而只能相机而动、根据到时出现的情况而决策(MacNeil, 1983)。“与社会母体的协调”是指任何交换都是在社会大环境中进行的,如社会环境限定了交换时的交流方式、货币支付形式等(Ivens and Blois, 2004)。“方式得当”指采用适当的方式去获得收益(Gudel, 1998)。

(3) 关系契约规范对交换的影响

交换方持续的接触形成了关系契约规范,限定了要将交换进行下去双方应该和必须遵守的行为准则(MacNeil, 1980, 1983)。关系契约理论认为,这些准则在交换方之间形成了一个关于“如何与对方打交道”的共同理解,构成了双方交换的基础。具体地,这些准则体现为“期望”和“义务”:在双方都会对对方产生一个期望、希望对方如何践行这些准则的同时,也会确定自身要如何遵守这些准则。双方会在履行各自义务的过程中完成交换,同时也会根据对方的行为来评判其在多大程度上满足了自己的期望;若对方行为未能很好地满足自身期望,则又会影响到交换方对自身义务的界定。通过期望和义务的不断循环,关系契约规范得以影响交换双方的行为。

关系契约规范由两种契约共同确立:一种是双方签订正式协议,以显性契约(Explicit Contracts)来指明双方在交换中应该做什么、如何做;另一种是双方在相互接触中,逐渐就“如何与对方打交道”达成一种非正式的、隐性的共识,即以规范契约(Normative Contracts)来约束双方的行为(Lusch and Brown, 1996)。规范契约虽然非正式,但由于它将交换方对准则的遵守转化成了其内在义务,因而往往发挥着更大的作用。例如,在制造商和零售商的交换中,制造商灵活处理问题商品、零售商及时将顾客信息反馈给制造商的要求都是基于规范契约而产生的。若某一方未履行内在义务,即便不会受到外在机制(比如法律)的惩罚,也会因违背了自身角色的一致性而丧失了对于自身的认同(Montgomery, 1998)。

由此,采取关系契约视角,要在认可关系契约会在交换中发挥作用之后,进一步认可该作用是通过关系契约规范而发挥出来的。关系契约规范的作用过程为:确立双方在交换中的行为准则;促使双方形成针对对方应尽义务的期望,促使双方将对行为准则的遵守转化为各自内在义务;使双方履行各自内在义务、完成交换。关系契约规范的目标就是促使双方在交换中尽可能遵循"互惠"、"团结"行为导向,并因此获得收益。

综上,前提1、2、3共同诠释了关系契约的内涵。以此为基础,本书绘制出了图2-5,对相应的关系契约视角进一步展现如下。

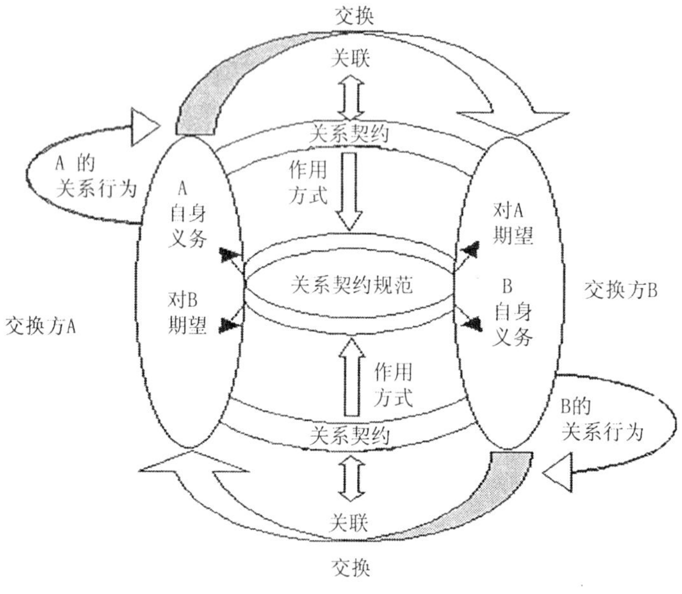

图2-5 关系契约视角

2.2.2 关系契约视角分析组织间交换的合理性

（一）理论上——关系契约存在于所有交换之中

用来与关系契约进行比照的个别交易，其根本在于“个别性”。它将交易本身从交易双方过去、目前、未来的所有可能关系中剥离和抽象出来，忽略他们的身份、忽略他们之间的任何关联、排除掉任何关联对交易可能产生的任何影响（MacNeil, 1980, 1983）。然而，即使个别性能够通过阻断交换过程中的交流来消除双方之间的直接关联，交换发生的社会情境也会不可避免地构建起双方之间的间接关联，例如进行交换的语言为双方所通晓、完成交换的货币被双方所认可。Williamson 曾构造了一个最有可能接近个别交易的虚构“现实情形”：某人在国外的偏僻地区从当地一家商店购买了一瓶当地产的饮料，且此人此生都不会再去这个地方，也绝对不会将这个地方推荐给朋友（Gudel, 1998）。即便如此，按照 MacNeil（1980）的观点，交易双方也起码拥有对公平交易的共同理解。换言之，交易双方总会存在某种关联，纯粹的个别交易在现实中不存在。

相反，“现代社会中的任何交换都是关系型交换”（Gudel, 1998），直接关联在交换中大量存在却是一个不争的客观事实。关系契约将关联视为交换中不可忽略的重要因素，充分考虑关联对交换目标、方式和结果的可能影响（MacNeil, 1983）。在这个意义上，关系契约存在于所有交换之中，理论上任何交换中的双方都会缔结起关系契约。组织之间的交换自然也是如此。

（二）现实中——组织间交换具备关系契约的特征

在当前的市场环境中，为了应对风险、保证自身收益的长期性和稳定性，绝大部分组织都谋求与主要合作者建立起一种长期关系。这些组织比比皆是，例如产品（服务）的生产方与购买方、渠道中的制造商与经销商、连锁体系中的特许商与加盟商等。它们所展开的交换活动，多呈现出三个主要特征：第一，交换并非仅发生一次就结束，而是会重复多次；第二，多次交换沿时间维度不断推进，且发生在不间断的时间范围之内；第三，交换双方在长时间的接触中会建立起紧密的直接关联，且这种关联会对交换本身产生重要影响。具有这三个特征的交换构成了本书所指的组织间交换，它们具备表2－1所示的关系契约特征。本书对此简要分析如下。

（1）交换中的组织间关联

组织间交换关系是建立在双方对彼此经营能力、经营理念进行了评估和了解的基础上的，对方所具备的特征是非常关键的考量因素。例如，麦当劳连锁商在资金、管理经验等方面制定了详细的标准来选择加盟商。而随着交换的不断推进，双方对彼此的了解会进一步加深，它们之间的直接关联也会日益强化，以致达成各种非正式的隐性共识，如保持灵活、进行信息传递、相互团结等（Heide and John，1992；Lusch and Brown，1996）。

（2）交换的开始、持续时间、终结

组织之间的关系是由多次交换而构成的。这些交换之间会相互重叠，无法明确区分其中单个交易的开始、持续、终结。

（3）交换中所涉及项目的度量

组织在交换中不仅会获得经济收益如产品与服务、金钱等，还可能收获社会收益如声誉、自身心理上的满意等。比之经济收益，社会收益难以明确和度量。

（4）对于交换的计划

理论上，要做到对未来百分之百的计划，必须同时满足两个条件："个别性"和"现时化"（MacNeil，1983）。个别性保证了双方在此次交换完成之后的"未来"不再有任何关联。现时化是将"未来"

的某个时间节点投影到“当下”、将未来拉回到现在，确保交换方在当下就可掌握未来的所有可能情形（MacNeil, 1983）。在现实交换中，建立了相互关联的组织是有限理性的，它们无法对交换的各个方面进行完全计划；它们往往是先制订一个总体计划，而后再根据具体情况不断调整。例如，连锁商和加盟商既会在年会上讨论、制订来年计划，又会在经营过程中定期开会调整具体经营策略。

(5) 利益及负担的分配

在现实交换中，组织双方的利益和负担往往无法明确划分出来。例如，渠道中的制造商和经销商时常就货物运输损毁责任的承担而发生争执。

(6) 相互依赖、未来合作、团结

在当前的商业环境中，组织之间建立长期关系的动机主要是为了在未来继续合作，从而保证自身收益的长期性和稳定性。它们会与对方进行合作，促进双方团结，通过“1 + 1 > 2”的方式增加自身收益，并由此产生相互依赖。

(7) 权力的行使

Macaulay(1963, 1985)观察发现现实交换中的组织极少且只有在其他方法都用尽的情况下，才会考虑行使法律所赋予的单边权力来解决问题。在目前市场环境下，组织不仅很少行使法律权力，且随着合作共赢理念的传播和深入，它们更倾向于通过非正式的、隐性的准则——规范契约来规制双方的行为。

规范契约将双方组织对行为准则的遵守转化成了其内在义务。某一方的义务会使对方获得一种单边权力，双方在履行内在义务的过程中进行双边权力的行使，完成交换（MacNeil, 1981）。若某一方未能完成义务，另一方在不诉诸法律的情况下，也有可能因此获得新的单边权力（MacNeil, 1981）。例如，若连锁商未按规定给予某一加盟商提供及时的操作工艺指导，则在定期召开的连锁商—加盟商见面会上，连锁商会因其未履行义务而要给该加盟商致歉，该加盟商也可能会因此获得某种单边权力，如优先获得某种新产品的经营权。

综上，理论上只要有交换就有关系契约，而本书所指的组织间交换也明显具备关系契约特征。从关系契约视角来分析组织间交换兼具理论依据和现实支撑，是可行的。

2.2.3 现有的组织间交换关系研究框架

长期以来，营销学术界对组织间交换关系的研究主要围绕着交换关系管理而展开。本书在此将通过梳理相关文献，抽离出组织间交换关系的现有研究框架。

如前所述，组织在交换中会缔结起关系契约，依关系契约视角来分析组织交换关系是可行的。本书将对比非关系契约视角、关系契约视角对关系维持的不同看法，并以是否采用关系契约视角为标准，将交换关系维持研究划归到两个大类中去：一类是非关系契约视角下的研究，另一类则是关系契约视角下的研究。本书将基于这种划分对相关研究的脉络进行梳理，并在此基础上勾勒出组织间交换关系的研究框架。

（一）非关系契约视角下的组织间交换关系

(1) 非关系契约视角对于交换关系管理的看法

组织间交换关系必须通过某些特定的系统才能够实现（Heide, 1994），本书对交换关系管理的考察将集中在 Heide（1994）所提出的计划、调整、监督、强制执行这四个特定系统上。计划是对未来可能事件以及与之相关的权利和义务明确机制（Macaulay, 1963）；调整是指设计出一些机制使正在进行的交换能够适应不断变化的环境（MacNeil, 1980）；诉诸监督系统，可以确认合同所要求绩效被实现的程度（Rubin, 1990）；通过外在的强制执行系统，可以保证合同义务被遵守（Macaulay, 1963）。

非关系契约视角不考虑双方关联对于组织间交换的影响。持有这种视角的组织，通常会从自身的角度出发来采取行动，因此会倾向于通过接近"层级式"(Hierarchical)(Weitz, 1995)或"单边"(Unilateral)(Heide, 1994)的方式来管理交换关系。对于如何进行计划、调整、监督、强制执行，持非关系契约视角的组织的惯常看法为：第一，计划应该由交换中拥有更多权力的一方提前做出，计划是正式的，它会对可能出现的事件进行归类、规定应对的步骤和双方合同义务(Heide, 1994)。第二，应该在事前就明确调整机制。第三，监督需要借助外在措施才能实现，且监督是对已有行为的反应——行为只有表现出来才能够被监督。第四，虽然某些情况下可以通过采取法律手段实现强制执行，但组织在更多情况下会利用在某些领域的决策权强制对方执行相关合同义务。

(2) 非关系契约视角下的交换关系管理研究

非关系契约视角不考虑双方关联对于组织间交换的可能影响，采用该视角的组织不会将对方作为一个因素纳入自身收益的实现体系中去，不太考虑对方收益的实现对自身获益的影响。它会以自身的利益为出发点，较少考虑对方利益。在探讨关系管理所援引的理论中，代理理论、资源依赖理论、交易成本经济学理论均以组织遵循利己主义为前提或假定，基于它们的研究更多地从非契约视角来看待组织交换。

相关文献在探讨关系管理时大多未明确所针对的是关系建立、维持、结束中的哪个特定阶段，也很少指出针对的是计划、调整、监督、强制执行中的哪个特定系统。然而，从这三个理论中所析出的观点，应用它们对一些问题的研究，可为交换关系管理提供依据。本书对此阐述如下：

① 分析交换关系管理所采用的理论

a. 代理理论(Agency Theory)

代理理论关注的是两类代理问题。在委托方和代理方对于目标有着不同看法，且委托方难以获悉或需要花费很多才能知晓代理方到底在做什么的情况下，会导致第一类代理问题：委托方无法证实代理方的行为是否妥当(Eisenhardt, 1989)。在委托方和代理方对于风险的看法不一致的情况下，就出现了第二类代理问题：双方会偏好不同的行为(Eisenhardt, 1989)。对于这两类问题，代理理论提出通过制定有效的合同予以解决；且在制定合同时，要假定交换双方是利己的、有限理性的、风险厌恶的(Eisenhardt, 1989)。该理论下的关系管理研究多围绕着合同设计而展开，即委托方通过适合的控制措施(如何让代理商上缴收益)、激励措施(如何向代理商支付报酬)来防止代理商做出不当行为。

代理理论为组织交换关系管理提供的建议是：目标组织可以通过设计出切实有效的合同，使对方妥当行事，减少对方的机会主义行为，从而构建起良好的交换关系。显然，就交换关系管理所涉及的四个系统而言，此建议对监督过程的针对性最强。

b. 资源依赖理论(Resource Dependence Theory)

资源依赖理论认为，很少有组织能够在关键资源上做到自给自足，组织建立和维持交换关系的目的是为了获取其他组织的资源(Heide, 1994)。在获得对方资源的同时，目标组织也会面临由此而产生的两个问题：一是自身对对方的依赖；二是因无法对资源进行完全控制而导致的自身决策过程中的不确定性(Heide, 1994)。资源依赖理论不认为依赖是一种正向结果；相反，它认为依赖有助于对方形成单边权力，故目标组织应该采取措施获得权力、实现权力平衡。该理论还认为对资源无法完全掌控会损害自身的自主性。

学术界借助该理论开展的关系管理研究主要集中在两个方面：一是应用它对依赖、权力进行解释，分析交换关系(尤其是渠道中)的冲突现象；二是应用它对交换中的自主、控制问题进行分析。这些研究可帮助实务界更深入地看待和处理交换过程中的冲突问题、控制问题，进而降低交换终止的可能性，维持交换的运行。

资源依赖理论只为组织间交换关系管理提供了一个非常概括的建议：采取措施促使双方权力达到平衡。我们很难明确它针对的是计划、调整、监督、强制执行四个特定系统中的哪一个。

c. 交易成本经济学理论(Transaction-Cost Economics Theory)

交易成本经济学作为一个理论，本身包括不同的流派(Ghoshal and Moran, 1996)。例如，Coase发展该理论的目的是为了解释企业的边界，回答为什么企业会在市场上存在的问题。Williamson发展该理论的目的则是试图回答目标组织如何更好地管理交易：选择市场还是通过权威层级制来进行纵向一体化，抑或是通过其他组织进行准纵向一体化(Williamson, 1979)? Williamson的交易成本经济学理论在经济学之外的研究领域获得了最为广泛的应用(Ghoshal and Moran, 1996)，营销学者在探讨组织间交换时援引的就是他的观点(Heide, 1992, 1994)。

Williamson提出通过专有性投资、不确定性、交易频率这三个维度来刻画交易(Williamson, 1979)。专有性投资是无法在其他交换中使用的物质或人力资产，目标组织需要对其投资进行守卫，减少被对方不当利用的风险(Heide, 1994)。不确定性同时包括来自市场环境的外部风险和对方在交易中是否遵守合同的内部风险，目标组织需要通过调整和评估两种手段分别应对(Heide, 1994)。如果守卫、调整、评估所涉及的成本较低，则目标组织会通过市场来实现交换；若成本较高，则目标组织会通过权威层级结构，甚至通过与其他组织建立关系来实现交换(Heide, 1994; Gencturk and Aulakh, 2007)。

Williamson认为，在交易刻画三维度中，专有性投资构成了交易成本经济学理论的核心，而交易方的机会主义倾向则是导致市场交换失效和层级结构出现的终极原因(Williamson, 1979)。这使得该理论下的组织交换关系研究多围绕着专有性投资、机会主义而展开。例如,有研究提出目标组织可通过要求对方进行专有性投资而对其进行约束,从而减少对方的机会主义行为(Jap and Ganesan, 2000)。

交易成本经济学理论为组织交换关系管理提供的建议是:组织在交换中要不断结合市场情形作出调整;要监督和评估对方遵守合同的情况;更为重要的是,不仅需要守卫其专有性投资,还要约束和减少对方的机会主义行为。就交换关系管理所涉及的四个系统而言,此建议着眼的是调整、监督系统,具体举措对监督系统的针对性最强。

②交换关系管理相关研究举例

代理理论的使用相对较少,它主要被用来分析连锁体系中的费用分摊、激励措施设置问题。从资源依赖理论中得出的"权力"、"冲突"概念一度成为学术界解析组织关系的关键词,代表性研究有 Hunt 和 Nevin(1974)、Lusch(1976)、Brown 等(1983)、Gaski 和 Nevin(1985)等。交易成本经济学理论下的研究最初多围绕着专有性投资、机会主义展开,近年来一些学者倾向于对比专有性投资与关系契约规范在交换关系管理中的作用(Heide and John, 1992; Jap and Ganesan, 2000; Brown et al., 2000; Antia and Frazier, 2001; Berthon et al., 2003)。相关研究举例可见表 2-2。

国外学术界在 20 世纪 70 年代中期到 80 年代中后期开展了上述研究。而国内学者在 20 世纪 80 年代末 90 年代初才开始采用"权力"、"冲突"等概念分析组织间尤其是渠道成员之间的关系,具体研究内容也与已有的类似。代表性研究可见庄贵军(2000)、庄贵军等(2002, 2003, 2004)。

(3) 非关系契约视角下的交换关系研究框架

非关系契约视角不考虑组织间的关联,法律框架下的、双方都明确知晓的协议——显性契约因而成为了组织之间唯一的连接和纽带。其唯一性体现为:它不仅使交换发生,确定了交换;还明确规定双方义务，独自确保了交换的实现。在此情形下，要分析组织交换关系，显性契约必然是切入点与核心，它构成了组织交换关系研究框架的基础。

表 2-2　非关系契约视角下的组织间交换关系管理研究举例

代理理论下的组织间交换关系管理研究 研究主要涉及内容：合同安排				说明：研究类型——E 代表实证型(Empirical)，C 代表概念型 (Conceptual) 研究情境控制——表示该研究的情境与上一个研究的相同
作者	研究类型	研究情境	关键变量	主要观点及发现
Bergen、Dutta 和 Walker (1992)	C	营销活动的委托方与代理方	行为合同 结果合同	行为合同(Behavior - based Contract)比结果合同(Outcome - based Contract)更有效，当监督程度逐渐减少时、对代理方工作结果进行度量的难度增大时、委托方和代理方的冲突水平降低时；市场环境不确定性增加时；结果合同比行为合同更有效，当代理方对风险的厌恶程度减少时
Lafontaine(1993)	E	连锁商与加盟商	特许费用 加盟费用	在连锁商的品牌声誉尚未建立起来的前提下，随着其品牌价值的增加，连锁商所收取的加盟费用会降低、所要求的特许费用比率会增加
Agrawal 和 Lal (1995)	E		特许费用	连锁商会向加盟商提供一个包含特许费用、加盟费用、批发价格等在内的合同，供加盟商抉择是否加入连锁体系； 特许费用可被用来平衡连锁商的品牌投资与加盟商的服务水平； 特许费用比率对于连锁商的监督频率有正向影响
Dant 和 Berger (1996)	E		广告费用	特许商与加盟商基于双方共同收益来分摊广告费用，可以为双方同时带来更多收益
Kaufmann 和 Dant (2001)	E		加盟费用 特许费用	连锁商收取的加盟费用和特许费用正向相关

续表

资源依赖理论下的组织间交换关系管理研究 研究主要涉及内容:(1)由依赖所衍生的控制、自主性问题;(2)由依赖所衍生的权力、冲突问题				
作者	研究类型	研究情境	关键变量	主要观点及发现
Dant 和 Gundlach (1998)	E	连锁商与加盟商	依赖 自主	依赖与自主并不对立,它们在连锁交换中可呈现高低、低高、高高、低低四种组合; 结果完全支持"加盟商面临的市场竞争越激烈、经营越是成功,对连锁商的依赖越强"; 结果部分支持"加盟商面临的市场竞争越激烈、经营越是成功,其自主要求越强"
Pizanti 和 Lerner (2003)	E (案例分析)		控制 自主	连锁商对加盟商的控制、加盟商的自主与4个方面相关:(1)连锁体系的简单或复杂程度;(2)连锁体系的规模;(3)连锁体系经营时间;(4)连锁合同的有效期
Hunt 和 Nevin (1974)	E	连锁商与加盟商	权力	连锁商主要依赖强制性措施来获得针对加盟商的权力; 连锁商越是较少使用强制权力而较多使用非强制权力,越会使加盟商感到满意
Lusch (1976)	E	制造商与分销商	权力 冲突	强制权力的使用会增加冲突,而非强制权力的使用则会减少冲突
Brown、Lusch 和 Muehling(1983)	E	供应商与零售商	依赖 权力 冲突	零售商对供应商权力大小的感知会影响它对供应商的依赖; 这两个因素又会影响零售商对供应商权力的感知; 冲突同时受到供应商权力大小与零售商对供应商权力感知的影响
Gaski 和 Nevin (1985)	E	供应商与分销商	权力 冲突	供应商行使强制权力对冲突的增加比显示强制权力对冲突的增加程度大; 供应商行使非强制权力对冲突的减小比显示非强制权力对冲突的减小程度大

续表

交易费用理论下的组织间交换关系管理研究 研究主要涉及内容：通过专有性投资减少机会主义、加强控制				
作者	研究类型	研究情境	关键变量	主要观点及发现
Heide 和 John (1992)	E	供应商 购买商	专有性投资 关系规范 控制	购买商的专有性投资会降低它对供应商决策的控制； 在关系规范存在的情况下，购买商的专有性投资会增强它对供应商决策的控制
Brown, Dev 和 Lee(2000)	E	旅店业连锁商与加盟商	关系规范 专有性投资 机会主义	关系规范对加盟商的机会主义有显著抑制作用； 仅强调使用所有权、专有投资手段，反而会激化加盟商的机会主义
Jap 和 Ganesan (2000)	E	供应商 零售商	专有性投资 关系规范 显性契约	零售商的专有性投资会使自身面临被供应商"劫持"的可能，零售商可以要求供应商也进行专有性投资从而减小这种可能性 关系规范可以增强零售商对供应商承诺的认可 显性契约会降低零售商对供应商承诺的认可
Antia 和 Frazier (2001)	E	连锁商 加盟商	专有性投资 关系规范 显性契约	关系规范的使用与显性契约的使用负相关； 连锁商的专有性投资会调节它们之间负相关的程度
Berthon 等 (2003)	E	供应商 购买商	专有性投资权力	购买商的专有性投资会降低它对供应商决策的控制； 在关系规范水平较高时，购买商的专有性投资会提升它对供应商决策的控制

由于双方在制定显性契约时无法预见未来的所有可能情况(Macaulay, 1963)，显性契约的实际作用范围因而会受到限制。在显性契约力所不及之处，持非关系契约视角的组织往往会以"层

级式”的方式展开交换，即强调通过“权威”来管理交换关系(Weitz, 1995)。“权威”在实践中就体现为强势的一方通过权力对另一方进行控制。

由此，当学术界秉承非关系契约视角来分析组织交换关系时，他们所采用的是一个以显性契约为基础、以控制为关键因素的研究框架，具体如图2-6所示。在图2-6中，拥有更多权力的组织A对拥有较少权力的组织B进行控制，使B根据自己的要求来行事；而B也会根据其要求，采取显性契约未指明的行动。这是20世纪70年代末到80年代中期组织交换关系研究中的支配性观点，但目前已不再是主流。

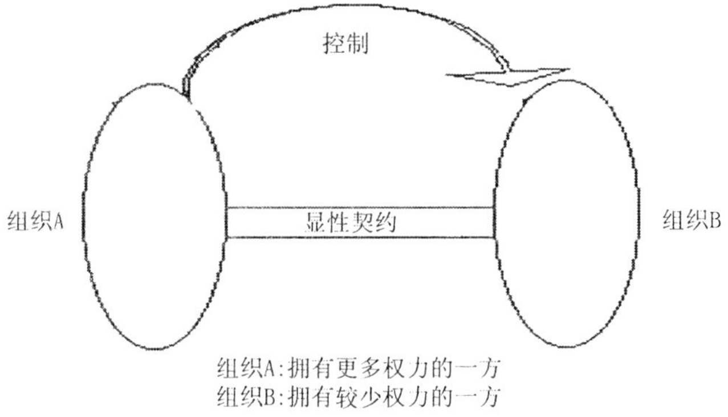

图2-6 非关系契约视角下的组织间交换关系研究框架

(二)关系契约视角下的组织间交换关系

(1) 关系契约视角对于交换关系管理的看法

与非关系契约视角相对，关系契约视角考虑双方关联对于组织间交换的影响。持有这种视角的组织，在采取行动时会虑及对方的立场，会倾向于通过接近“家族式”(Clan)(Weitz, 1995)或“双边”(Bilateral)(Heide, 1994)的方式来管理交换关系。对于如何进行计划、调整、监督、强制执行,持关系契约视角的组织的看法通常为:第一,计划并非由拥有更多权力的一方单独做出,而是双方在信息交换和共同参与的基础上联合做出的。而且计划不可能完全、详细地为未来可能出现的所有情形制定应对措施,它只能为采取何种措施提供参考。第二,交换过程中双方应该对彼此展示出灵活性,在环境发生变化时共同进行调整。实现调整所需的变化未事先正式设定,双方的协作促使其发生。第三,监督应通过内在自我控制来实现,它应遵循“先发制人”的方式——行为在未表现出来时就被监督。第四,组织(特别是强势一方)应该努力促进双方形成共同的价值观,从而减少外在强制手段的使用。具体地,强势一方可借助双方对未来接触的预期,促进对方遵守某些行为准则,比如在履行合同义务的过程中展示出灵活性、根据市场情势调整经营策略等。

(2) 关系契约视角下的交换关系管理研究

关系契约视角认为双方关联会对组织间交换产生影响,采用该视角的组织会将对方作为一个因素纳入自身收益的实现体系中去。虽然组织的根本出发点依然是自身收益,但考虑到自身与对方收益的实现捆绑在了一起,它会帮助对方获取收益。在探讨关系管理所援引的理论中,社会交换理论、关系契约理论均设定组织会为对方考虑,基于它们的研究,更多地从关系契约视角来看待组织交换。

与应用代理理论、资源依赖理论、交易成本经济学理论的相关文献类似,应用社会交换理论、关系契约理论的研究同样未明确所针对的是关系建立、维持、结束中的哪个特定阶段,未指出针对的是计划、调整、监督、强制执行中的哪个特定系统。然而,这两个理论中的某些观点以及应用这两个理论的研究也可为交换关系管理提供依据。本书对其阐述如下:

① 分析交换关系管理所采用的理论

a. 社会交换理论(Social Exchange Theory)

社会交换理论考察个体间存在相互依赖的情况下,有价值的资源如何通过“社会过程”进行流动(Emerson, 1976; Cropanzano and Mitchell, 2005)。该理论认为,资源的流动具有互惠性,即当且仅当资源能带来价值回馈时,它才能得以流动(Emerson, 1976)。在社会交换中,某一方的行为取决于对方的报答性回馈——尽管双方可能未明确各自要求收回收益的具体时间段,但都相信对方会在将来的某一个时刻进行报答性回馈(Konovsky and Pugh, 1994; Cropanzano and Mitchell, 2005)。因此,当前的交换既会受到上一个交换的影响,也会同时影响下一个交换(Emerson, 1976)。

社会交换理论对交换过程的论述为:社会交换所带来的收益同时包括经济收益、社会收益;目标组织愿与某一组织开展交换的前提是,它从中所获收益大于与其他组织开展交换所获收益;目标组织会对比实际所获收益和自身期望收益,前者大于后者,目标组织会感到一定程度上的满意,反之,则感到不满意;在长期交换中,满意会增进交换双方之间的信任和承诺;在长期交换中,关系交换准则会逐渐形成(Anderson and Narus, 1984; Heide, 1994)。

营销学者主要在两方面应用了该理论来分析组织间交换关系。第一,为了建立“能‘成功’展开实证研究的模型”(Wilson, 1995),学者们对社会交换理论所涉及的相关概念进行了“操作化”处理(Lambe et al., 2001)。概念“信任”、“承诺”、“关系交换准则”、“成功的交换关系”分别被“操作化”,成为了变量“信任”、“承诺”、“关系规范”、“满意”与“合作”,从而构成了组织交换关系研究中的新变量(Anderson and Narus, 1984, 1990; Morgan and Hunt, 1994; Lusch and Brown, 1996)。第二,社会交换理论以及从中提取的变量,共同促进了关系信任——承诺关系营销模型的提出,从而将组织间交换引入关系营销研究范式中，促使其研究进入一个新阶段。其中的两篇代表性文献可见 Dawyer 等(1987)、Morgan 和 Hunt(1994)。

社会交换理论为组织交换关系管理提供的建议是：目标组织可以通过满意促进对方的信任、承诺，通过信任、承诺使交换效果更好。不过，我们很难明确它针对的是计划、调整、监督、强制执行四个特定系统中的哪一个。

b. 关系契约理论(Relational Contract Theory)

MacNeil(1980, 1981, 1983)提出契约是“双方在将交换延伸到未来的进程中所构成的各种关联”，关系契约就是关联性更强的契约。如果设定关系契约占据着“契约行为”连续统一体的一个极值点，则占据另一个极值点的就是仅存在于理论上的个别交易(MacNeil, 1983)。在个别交易中，双方之间除了交换之外不存在任何关联，不存在“任何关联”基础上的契约行为(MacNeil, 1980)。在关系契约中，双方在交换中会建立起关联、双方关联会影响交换本身、双方关联会通过关系契约规范对交换产生影响。这正是本书所指的关系契约视角。

从关系契约理论中，营销学术界提出可通过双方在持续接触中形成的关系契约规范来管理交换(Gundlach and Achrol, 1993; Heide and John, 1992; Lusch and Brown, 1996)。关系契约规范由两种契约共同确立：一种是双方签订的，指明双方在交换中应该做什么、如何做的正式协议——显性契约；另一种是双方在相互接触中，逐渐就“如何与对方打交道”达成的非正式的、隐性的共识——规范契约。它们共同确定了双方要将交换进行下去所应该和必须遵守的行为准则，且规范契约由于将组织对准则的遵守转化成了其内在义务而往往发挥着更大作用。基于关系契约理论的研究提出了一种非强制执行的关系管理理念；相对于计划、调整、监督系统，它似乎更加针对强制执行系统。

② 交换关系管理相关研究举例

虽然与社会交换理论的出发点不同，但 MacNeil 在发展关系契约理论的过程中却借鉴了前者的一些观点。例如，MacNeil 对人是“既完全自利又完全是社会生物”的假设、对人在交换过程中须同时采取“互惠”和“团结”行为导向的看法就考虑了社会交换的特性(MacNeil，1983)。而“一般性契约规范”的 10 个项目也可被视为具体化了的社会交换理论中的“关系交换准则”。由于这种联系的存在，营销学者往往同时援引关系契约理论和社会交换理论支持采用关系规范来管理交换关系、基于关系营销来提升交换的效果。例如，Dawyer 等(1987)、Morgan 和 Hunt(1994)这两篇代表性文献都同时援引了关系契约理论和社会交换理论。

相对而言，关系营销模型的提出受社会交换理论的影响更大，该理论下的研究因而更多地围绕“信任”、“承诺”而展开，例如，Anderson 和 Narus (1990)、Anderson (1995)、Wilson (1995)、Geyskens 等(1996)、Claycomb 和 Frankwick(1997)、Narayandas 和 Rangan(2004)等。关系契约理论则带来了通过关系规范管理交换关系的新理念。在长期交换中，信任、承诺固然能够提升关系管理的效果，却是关系规范充当着关系管理的工具，决定着关系管理效果的基准。该理论下的研究探讨了关系规范在关系管理中的作用(Heide and John, 1992; Heide, 1994; Gundlach and Achrol, 1993; Lusch and Brown, 1996; Cannon et al., 2000; Brown et al., 2006; Gencturk and Aulakh, 2007)，考察了有别于控制的关系规范如何抑制机会主义(Gundlach et al., 1995; Jap and Ganesan, 2000; Brown et al., 2000; Antia and Frazier, 2001; Berthon et al., 2003)。研究举例详见表 2 - 3。

国外学术界在 20 世纪 80 年代末 90 年代初开始了上述研究。国内学者大概在 21 世纪初才开始了相应的研究，且具体研究内容也与已有的类似。例如，国内学者庄贵军和刘宇(2010)、高维和等

(2004, 2006)探讨了如何抑制组织的机会主义;寿志刚等(2008, 2011)分析了信任在组织间交换中的作用;庄贵军等(2007, 2008, 2012)还特别研究了中国背景下的私人关系对渠道成员间关系的影响。

(3) 关系契约视角下的交换关系研究框架

关系契约视角承认组织之间有关联,认为它们之间的连接和纽带不仅有显性契约,还有规范契约,且它们共同构成了关系契约规范。显性契约虽依然能够确立交换,但它不再独自而是与规范契约一起共同确保交换的实现。显性契约对双方义务的正式规定固然确定了双方行为的边界,但契约规范却通过使双方内化自身义务而直接影响其行为,在规制组织间交换中发挥着主导性作用。此时,要分析组织交换关系,规范契约就成为了切入点与核心,成为了组织交换关系研究框架的基础。

持关系契约视角的组织会倾向于"家族式"(Clan)(Weitz, 1995)或"双边"(Bilateral)(Heide, 1994)的关系管理方式,会通过关系规范(主要是隐性的规范契约)来管理交换关系。规范契约体现了双方对"自身义务"及"对方(针对自身的)期望"的一致解读。如果任何一方在履行"自身义务"、满足"对方(针对自身的)期望"的同时,也能使"自身(针对对方的)期望"由于"对方义务"的履行而被满足,则组织无需再以权力去控制对方从事某些行为。毋庸置疑的是,拥有较多权力的一方在一些特定情况下依然会挥舞权力,但这并不构成也不影响交换的主基调——对规范契约的遵守。

由此,当学术界秉承关系契约视角来分析组织交换关系时,它采用的是一个以规范契约为基础的研究框架,具体如图 2-7 所示。在图 2-7 中,组织 A 对自身义务的看法与组织 B 对 A 期望一致,B 对自身义务的看法与 A 对 B 期望一致。若在 A 通过关系行为满足了 B 对 A 期望的同时,B 也通过关系行为完全满足了 A 对 B 期望,则双方关系就达到了一种理想状态。自 20 世纪 80 年代后期开始,该框架逐渐代替了图 2－6 所示框架,成为了主流。

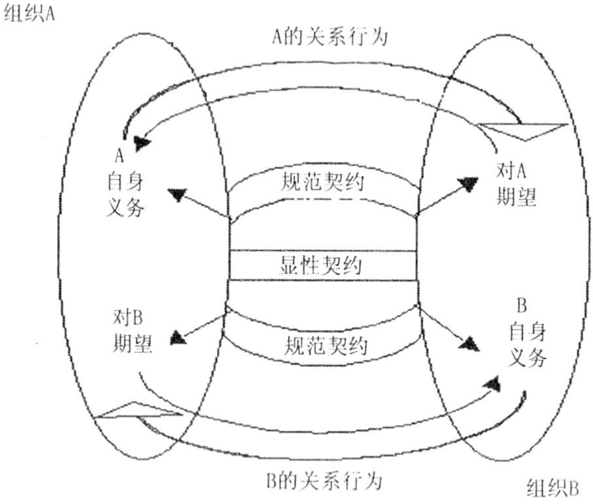

图 2－7　关系契约视角下的组织间交换关系研究框架

表 2－3　　关系契约视角下的组织间交换关系管理研究举例

社会交换理论和关系契约理论下的组织间交换关系管理研究 两篇经典文献				
作者	研究类型	研究情境	关键变量	主要观点及发现
Dwyer、Schurr 和 Oh(1987)	C			在社会交换和关系契约的基础上,提出了交换关系发展的五阶段模型; 指出在关系发展过程中,依赖、信任、承诺、规范等会出现
Morgan 和 Hunt (1994)	E		满意 信任	满意和信任的存在会提高关系效率

续表

在更大程度上与关系契约理论相关的研究 主要涉及内容:关系规范、关系契约的作用				
作者	研究类型	研究情境	关键变量	主要观点及发现
Anderson 和 Narus(1984)	E	制造商 分销商	合作 满意 收益	分销商所获收益与其他制造商可提供收益的比较结果,对制造商的权力有负向影响; 制造商权力对合作、满意产生负向影响; 分销商所获收益与其期望收益的比较结果,对合作、满意有正向影响
Anderson 和 Narus(1990)	E		信任 合作 满意	合作对信任有正向影响; 信任对满意有正向影响
Anderson (1995)	E		信任	探讨了交换关系的发展以及交换中的价值创造; 信任可以阻止交换成员针对对方的抢掠行为
Wilson (1995)	E		信任 承诺 满意 合作	分析了包括信任、承诺、合作、相互信赖、满意、社会联结等诸多变量; 阐述了在关系发展的不同阶段各个变量是活跃的还是仅隐性存在
Geyskens 等(1996)	E	制造商 经销商	信任 依赖 承诺	相互信赖会促进情感性和算计性承诺; 到底哪种承诺会发展取决于信任
Claycomb 和 Frankwick (1997)	E	供应商 购买商	信任	信任指引交换双方的行为,从而建立长期交换关系; 交换关系在一系列的社会交换中逐渐发展起来
Narayandas 和 Rangan (2004)	E 实地访谈		信任 合作	权力较弱的一方可以通过构建高水平的信任来促进对方的承诺,从而建立起长期的商业交换关系
在更大程度上与关系契约理论相关的研究 主要涉及内容:关系规范、关系契约的作用				
作者	研究类型	研究情境	关键变量	主要观点及发现
Heide 和 John (1992), Brown、Dev 和 Lee (2000), Jap 和 Ganesan (2000), Antia 和 Frazier (2001)				此四个研究在表 2-2 中已经进行了阐述。

续表

在更大程度上与关系契约理论相关的研究 主要涉及内容:关系规范、关系契约的作用				
作者	研究类型	研究情境	关键变量	主要观点及发现
Gundlach 和 Achrol(1993)	C		规范 信任 承诺	显性契约不足以促进关系交换的开展;关系交换更多地受关系规范的指导; 通过承诺不断地被履行,信任会逐渐在关系交换的过程中发展起来; 交换越是呈现出关系性,信任、承诺的作用就越显著
Gundlach、Achrol 和 Mentzer (1995)	C		关系 规范 承诺 机会主义	双方之间承诺越大,越有可能使用关系规范来治理交换关系; 关系规范会加强交换方下一阶段的承诺倾向; 关系规范会减少机会主义
Lusch 和 Brown(1996)	E	批发商 分销商	显性契约 规范契约	依赖结构会影响显性契约和规范契约的使用; 显性契约和规范契约会影响关系行为和绩效
Cannon、Achrol 和 Gundlach (2002)	E	供应商 购买商	关系规范 契约	在交易不确定性高的情形下,提高关系规范在治理结构中的比重会提升绩效; 但在交易不确定性低的情形下,则不会提升绩效
Gencturk 和 Aulakh(2007)	E	制造商 分销商	控制 规范	控制措施和规范措施的采用受到交换关系结构(依赖、正式化、社会化)的影响; 控制措施和规范措施对关系效率(市场绩效、满意)产生影响

2.2.4 组织间交换关系研究框架的完善

依据关系契约视角,组织在长期接触中会形成对“自身义务”及“自身(针对对方的)期望”的看法,在不断的试探和妥协中,交换双方会感受到并尝试按照“对方(针对自身的)期望”来确定“自身义务”,它们对这两者的看法会逐渐汇聚并达到一致,由此形成的规范契约体现了双方对“如何与对方打交道”的一致理解。如果双方都履行了“自身义务”,满足了“对方(针对自身的)期望”,则必然有“自身(针对对方的)期望”由于“对方义务”的履行而被满足。由于双方的期望都得到了满足,所以冲突得以消除、合作得以促进、满意得以达到、交换关系得以维持。这就是理论上规范契约发生作用的机制。

然而,现实的情况是,即使关系契约视角下的研究在过去20多年中已非常深入、细致,纵然实务界普遍采纳了学术界的研究建议来管理交换,但组织之间的冲突仍然十分普遍,交换关系瓦解的比例亦居高不下。例如,在新兴经济市场如中国大陆,渠道冲突此起彼伏;在成熟工业市场如北美地区,关系解体比例超过50%(Eyuboglu and Buja, 2007)。

这些现象迫使学术界不得不反思它为组织关系管理所开出的“药方”。本书认为,规范契约之所以没有达到预期的关系管理效果,一个重要的原因在于:现实交换中的双方都只能看到对方的行为,它们可据此推测却无法准确得知对方(针对自身的)期望,这导致双方对“如何与对方打交道”有一致理解在现实中几乎无法实现,进而导致规范契约的作用机制在现实中出现了失灵。为了更加真实地反映双方看法,我们需要进一步突破关系契约视角,修订该视角下“交换方对‘如何与对方打交道’理解一致”这一隐含设定,需要在理论上实现“交换方对‘如何与对方打交道’有不一致理解”的设定。

“心理契约”概念表达了交换方对关系契约规范的自我解读:交换双方会对“自身义务”和“自身(针对对方的)期望”的看法放置在各自的心理契约之中,使这两者尤其是后者,不能完全被对方获知。通过引入组织的心理契约,可以使得双方对“如何与对方打交道”有不同理解。

(一)“心理契约”概念

(1) 个体的心理契约

古希腊哲学家所界定的一种社会契约——公民和城邦就互惠权利和义务所达成的一种“协议”，是“心理契约”的哲学基础(Roehling，1997)。贯穿于人类社会发展进程中的各种交换活动，是“心理契约”产生的“温床”和发挥作用的领地(Rousseau，1989；Robinson et al.，1994)。在管理研究领域，Argyris(1960)率先用“心理工作契约”(Psychological Work Contract)来表述工头与雇员之间的隐性共识；Levinson(1962)提出心理契约是雇员与雇主“可能没有意识到的却左右着他们关系走向的、双方针对彼此的一组期望”；Schein(1980)认为，心理契约是个人对于组织以及组织对于个人所持有的未正式写入法律条款中的一系列隐性期望(Roehling，1997)。Rousseau(1989)正式提出了“心理契约”(Psychological Contract)概念，认为它是个体对于自身与另一方之间互惠性交换协议的信念，其核心是允诺性的互惠性义务。此后，心理契约概念的应用又扩展到更加多样的个体交换之中。Roehling(1997)提出，可用心理契约研究佃户与地主、顾问与客户、病人与医生甚至丈夫与妻子、学生与老师等多种不同的社会交换关系。

(2) 组织的心理契约

随着心理契约普遍存在于个体交换中的理念逐渐被认可，一些营销学者提出心理契约也存在于组织间交换之中。他们认为，只要组织感知到对方在正式的协议之外提供了某种互惠性的义务承诺，该组织的心理契约就存在(Robinson et al.，1994)。Blancero和Ellram(1997)首次明确将“心理契约”用到供应商与购买商之间战略合作关系的分析之中。Kingshott(2006)采用此概念来分析渠道中供应商与分销商的关系，实证得出心理契约与信任、承诺之间存在显著正相关，并指出该变量有助于深入分析渠道关系。此外，已有的很多研究虽未明确使用“心理契约”这个术语，但间接认可其作用。例如，Anderson和Weitz(1992)在分析渠道关系时，不仅考虑了分销商与制造商自述的针对对方的承诺，而且考虑了对方对它们承诺的感知，体现了研究者对于心理契约作用的关注。Narayandas 和 Rangan（2004）实际访谈发现，GE 与维修服务商 RCI，Alpha 轮胎和 Delta 矿石在交换进行的过程中，会逐渐建立起一种“心理协议”（Psychological Agreement），这种心理协议等同于心理契约的作用。可见，心理契约的应用能够突破个体边界，扩展到组织层面，组织也能够拥有心理契约。

（3）心理契约与显性契约、规范契约的对比

心理契约的主要特征包括：①心理契约具有非正式性，它没有书面形式，甚至无口头约定，仅存在于交易方自身的判断或意识之中（Cullinance and Dundon，2006）。②心理契约是“当事者眼中的协议”，完全由当事者所拥有，对方无法获悉。它并不要求双方对于义务有共同理解，目标交换方认为对方应尽之义务可能并不被对方认可；目标交换方认为自己应尽之义务也可能不符合对方的期望（Rousseau，1989；Robinson，1996；Cullinance and Dundon，2006）。③心理契约无法通过第三方予以强制执行，只能被自我执行（Cullinance and Dundon，2006）。

将心理契约与显性契约进行对比，发现两者的区别为：前者是非正式的，只能被自我执行的；后者通常为正式的、书面化的条文，可以被第三方（如法庭）予以强制执行。

将心理契约与规范契约相比，可以发现两者有很多共同之处：都是非正式的，都没有书面表达形式，都具有强烈的主观性。不过，规范契约体现的是交换双方对“如何与对方打交道”的一致理解，任何一方认为对方应尽的义务都被对方完全认可；而交换双方各自的心理契约虽然可以在一定程度上重合（Rousseau，1995），但它们对于义务的一致理解却不是必需的。当然，若双方的心理契约完全重合，则存在于它们之间的就是规范契约。

显性契约、规范契约、心理契约之间的区别具体如表 2-4 所示。

表 2-4　　显性契约、规范契约、心理契约之间的区别

	显性契约	规范契约	心理契约
理论基础	古典契约理论	关系契约理论	心理契约理论 社会交换理论
产生	双方协议确立	在交换中形成	伴随交换产生
内涵	明确双方的付出/所得，体现双方对于相机行为的有限约定	双方共同遵守的行为准则体现双方对于“如何与对方打交道”的一致理解	目标交换方关于对方互惠性承诺的信念，体现目标交换方的主观感受
形式	正式：有具体条款，表现为书面约定，双方有一致理解	非正式：无具体条款，很大程度上体现为口头约定，双方有一致理解	非正式：无具体条款，不体现为口头约定，不强调能否被对方理解
执行	可被第三方强制执行	无法被第三方强制执行	无法被第三方强制执行
作用对象	个别交易 交换	交换	交换
作用体现	保证交易发生，外在性地约束双方遵守显性契约	以隐性的、非正式的准则来影响双方行为	目标交换方心理契约框定对方的承诺性义务，此义务被履行的程度会影响目标交换方的行为
组织间交换关系研究中的主要应用	研究涉及的主要问题		
	管理：通过“控制”实现对交换关系的管理 行为：以减少交换方之间的冲突为中心	管理：依赖“关系”，辅以“控制”，实现对交换关系的管理 行为：以促进交换方之间的关系行为为主线； 通过“信任、承诺”，使交换达到更好效果	
	研究涉及的关键变量		
	权力、依赖、冲突	关系规范、关系行为	
	研究依托的主要理论范式		
	委托代理理论 资源依赖理论 交易费用经济学理论	关系契约理论 社会交换理论	

注：表 2-4 相关内容已发表在《南开管理评论》2008 年第 6 期，第 88 页（本人为第一作者）。

资料来源：整理自相关研究。

（二）“关系契约＋心理契约”视角下的交换关系研究框架

心理契约的核心要素是允诺性的互惠性义务（Rousseau, 1989）。确切地说，某个交换方根据它认为的对方义务承诺，设定“对方义务”，形成“自身（针对对方的）期望”。构成心理契约的期望与一般意义上的期望不同。Robinson（1996）举例指出，一个新经理一般意义上的期望可能包括高薪、升职、工作有意思甚至办公室被粉刷为喜欢的颜色等，但雇主只承诺将其薪酬与绩效挂钩；该承诺生成了这位经理对雇主应尽义务的信念，进而生成了他/她针对雇主的期望，构成了他/她的心理契约。由此，组织心理契约能准确表达出它在交换中所设定的“自身（针对对方的）期望”。同时，交换方的心理契约中不仅包含“对方义务”，还有自身针对对方的义务——“自身义务”（Rousseau, 1989; Robinson and Rousseau, 1994; Robinson et al., 1994）；组织的心理契约不仅包括它“自身（针对对方的）期望”，还包括它的“自身义务”。具体地，组织 A 心理契约同时包括“对 B 期望”和“A 自身义务”，组织 B 心理契约同时包括“对 A 期望”和“B 自身义务”。

心理契约捕捉到了组织在交换中真实的期望和义务设定，并使该设定不会被对方直接获知。心理契约的引入，在理论上实现了交换方对“如何与对方打交道”可以有不一致理解。然而，该理解所涉及的关系规范是由显性契约、规范契约共同确立的，心理契约对其生成毫无贡献，只表达了组织对它们的自我解读——显性契约可被第三方强制执行的特点导致组织对它的自我解读没有显著意义，心理契约的作用主要体现为对契约规范的自我解读。且若双方的自我解读一致，则双方的心理契约完全重合，存在于它们之间的就是规范契约。可见，心理契约的引入并没有推翻原有的关系契约视角，而是对其进行了完善。本书将此完善后的视角称为"'关系契约＋心理契约'视角"。

"关系契约＋心理契约"视角下的组织间交换关系研究框架可表示为图2－8。组织A不再能获悉组织B的"对A期望"，继而无法据此设定自身义务，它所设定的"A自身义务"不一定能反映B的"对A期望"。基于A的行为，B会判断"对A期望"是否得到满足，并据此修订"B自身义务"；一旦B义务设定偏离了A的"对B期望"，则B的行为便无法满足A期望。A期望的满足与否又会影响它的义务设定，从而进入下一个循环。由于双方对"如何与对方打交道"的理解可以不一致，因而即使双方都履行了"自身义务"，也不一定会满足"对方(针对自身的)期望"，由此可能产生冲突、导致不合作、引发不满意甚或关系解体。与图2－7相比，图2－8能更好地反映现实，它描述了一个更加完善的"关系契约＋心理契约"视角下的组织间交换关系研究框架。

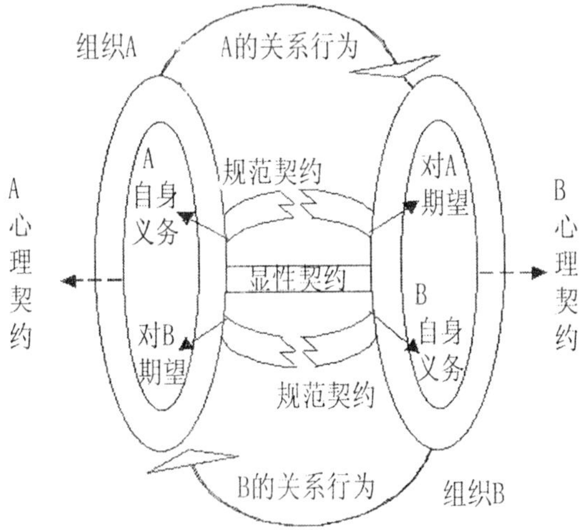

图2－8 "关系契约＋心理契约"视角下的组织间交换关系研究框架

2.3 “商业友情—朋友形象”转化在研究框架中的解读

根据第2.1节的论述，目标组织若想在交换中建立起“朋友形象”，便会采取一种朋友式的行事风格，向对方传递“商业友情”；对方接收到“商业友情”，并据此判断是否认可、在多大程度上认可目标组织的“朋友形象”。

根据关系契约视角，组织在长期接触中会形成规范契约，达到对“如何与对方打交道”的一致理解。因此，目标组织认定的“目标组织‘朋友形象’义务”与“对方(针对目标组织的)‘朋友形象’期望”会趋于一致。理论上，当目标组织明确了哪些规范契约能够体现商业友情且以遵从这些契约规范的行为向对方传递商业友情之后，它便履行了朋友形象义务，在对方眼中塑造了朋友形象。但在现实交换中，双方都无法直接获悉对方的真实期望。根据“关系契约+心理契约”视角，它们存在于各自心理契约之中，无法被对方获知；双方只能在交换中通过观察对方行为、揣测对方期望来确定自身义务。此时，目标组织认定的“目标组织‘朋友形象’义务”与“对方(针对目标组织的)‘朋友形象’期望”多会有偏差，导致其履行义务、传递商业友情的行为不一定会塑造出“(目标组织)朋友形象”——因为对方从其行为中感受到的友情并不一定符合它对朋友形象的期望。目标组织的“商业友情—朋友形象”转化体现了对方心理契约的作用。

基于“关系契约+心理契约”视角下的组织间交换关系研究框架，目标组织A的“商业友情—朋友形象”转化可表示为图2-9。图2-9描绘了这个转化的发生过程为：“A遵守‘朋友应尽义务’—A展开关系行为(A传递商业友情)—B审视A的关系行为(B接收A的商业友情)—B根据‘朋友应达标准’衡量A的商业友情，B对A的朋友形象进行判断”。进一步地，B还可能根据A的商业友情考虑自己在多大程度上也愿意塑造朋友形象，B 的自身形象设定又会影响 B 确定自身义务，进而影响 B 用来履行义务的关系行为。图 2－10 完全删除了 B 无法获悉的信息（图 2－9 中虚线指代的信息），更加清楚地展现出了 B 眼中的“A‘商业友情—朋友形象’转化”是如何发生的。而且，A 传递出的商业友情越多，B 越会认为 A 具有朋友形象，B 自己塑造出朋友形象的意愿也就越强烈。

至此，“商业友情—朋友形象”转化得以构建，本书意欲构建的组织间交换关系维持框架的起点在理论上得到了明确。“商业友情—朋友形象”转化在实际中是否如此，本书将在随后的第 4 章、第 5 章对其展开实证检验。

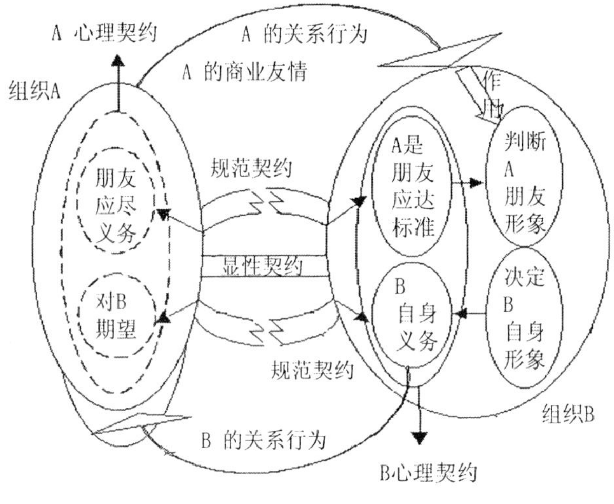

图 2－9　组织 A 的“商业友情—朋友形象”转化

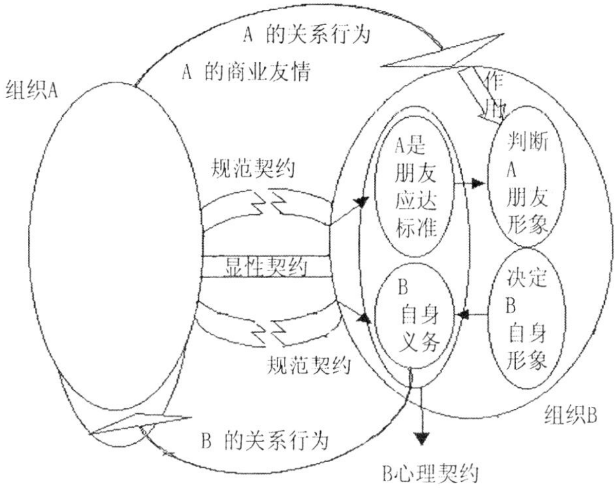

图 2－10　(B 眼中)组织 A 的“商业友情—朋友形象”转化

2.4　本章小结

本章完成了构建“商业友情—朋友形象”转化的工作。该工作由两部分构成：(1)解释“商业友情”、“朋友形象”的概念，阐述“商业友情—朋友形象”转化；(2)在组织间交换关系研究框架中，对“商业友情—朋友形象”转化进行定位。

关于工作(1)，本书指出了 Heide 和 Wathne(2006)“朋友角色”界定中的两个缺陷：第一，“人性的个体”与“非人性的组织”对经济收益和社会收益的看法截然不同。对于社会中的个体而言，经济收益和纯粹的社会收益都具有价值；对于组织而言，社会收益本身并无直接价值，它只是组织获取经济收益的“跳板”而已。第二，对方无法考察目标组织的动机，无从知晓表达目标组织“主我”身份的“朋友角色”。它所能做的是考察目标组织的具体行为，进而通过"观其行"对其所扮演角色进行评判。在消除这两个缺陷的过程中，本书提出：第一，用"商业友情"来体现组织因在一定程度上虑及社会收益而采取的朋友式的行事风格；第二，用表达组织"宾我"身份的"朋友形象"来代替表达组织"主我"身份的"朋友角色"。本书进而指出，对方会通过观察目标组织的行为来感受其"商业友情"，进而判断目标组织是否、或在多大程度上具有"朋友形象"，使目标组织的"商业友情—朋友形象"转化得以完成。

关于工作(2)，本书描绘出了现有的组织间交换关系研究框架，指出它采用的是关系契约视角，隐含地假定"交换双方对'如何与对方打交道'有一致理解"。根据关系契约视角，组织在履行"自身义务"、满足"对方(针对自身的)期望"的同时，其"自身(针对对方的)期望"也得到了满足。然而，在现实交换中，组织双方都只能看到对方的行为，它们可据此推测却无法准确得知对方(针对自身的)期望。对此，本书引入了"心理契约"概念，修订关系契约视角下的这一隐含设定；进而采用"关系契约＋心理契约"视角，完善现有的研究框架。本书指出"(目标组织)商业友情—朋友形象"转化对应的就是对方组织心理契约的作用，体现了目标组织认定的"朋友形象义务"与对方认定的"朋友形象期望"之间的可能偏差。至此，"商业友情—朋友形象"转化的构建工作得以完成。

第3章 研究假设及概念模型

本研究意欲构建的组织间交换关系维持框架为：以目标组织传递"商业友情"、塑造"朋友形象"为起点，以对方组织从事公民行为作为终点。在第2章中，"商业友情—朋友形象"转化得以建立，本章将主要探讨该转化发挥作用的路径。

鉴于目前尚未有文献对组织层面上的商业友情开展过深入分析，本章将首先对"商业友情"概念进行操作化处理。本书将围绕着信息传递来提出组织间商业友情的维度，并将选择"终端提供物为无形服务的连锁体系"为抽取商业友情维度的情境，进而以从中抽取的"自我披露"、"亲密"、"共生倾向"三个维度作为一阶因子，对"商业友情"二阶因子进行反映。

在此基础上，本书提出连锁商（目标组织）商业友情发挥作用的路径为：商业友情—（连锁商、加盟商）朋友形象—满意—加盟商（对方组织）公民行为，并将通过探讨"商业友情对（连锁商、加盟商）朋友形象的影响"、"（连锁商、加盟商）朋友形象对满意的影响"、"满意对加盟商公民行为的影响"来勾勒"商业友情—朋友形象"转化发挥作用的路径。在此过程中，将提出本书的研究假设，建立本书的概念模型。该模型就是组织间交换关系维持框架的具体表征。

3.1 商业友情维度的确定

3.1.1 抽出商业友情维度的情境

信息是“沟通的原料”，是“可以帮助人们整理、统筹环境因素，从而更好地应对所面临情形的任何内容”(Schramm, 1973)。在任何交换中，都是信息将双方连接起来的(Duncan and Moriarty, 1998)，组织之间的交换亦是如此。本书将围绕着信息传递来提出组织间商业友情的维度。据我们所知，目前尚未有文献对组织层面上的商业友情展开研究。为了便于探索性研究的开展，本书将选取“围绕着信息传递所展开的组织间交换”为抽取商业友情维度的情境。其中，终端提供物为无形服务的连锁体系(以下称为“服务型连锁体系”)，可谓一个理想情境。

连锁体系包括两种类型：传统连锁和商业型连锁(Garg et al., 2005)。传统连锁体系为连锁商(品牌持有者)构建起了一个准纵向一体化的分销渠道，加盟商就是负责销售其产品的分销商(Kaufmann and Rangan, 1990; Lafontaine and Shaw, 1998; Garg et al., 2005)。加油站和汽车经销商就是这类连锁体系的典型代表。商业型连锁是一种独特的组织交换模式。两个组织——连锁商和加盟商，在法律上相互独立(Kalnins and Mayer, 2004)、在交换中却保持着高度的相互依赖(Spinelli and Birley, 1996)。已在市场上占据一席之地的连锁商不仅会引导加盟商进入市场，还会授权它使用自身品牌，指导它为终端消费者提供产品或服务(Lafontaine and Shaw, 1998; Grunbagen and Dorsch, 2003; Monroy and Alzola, 2005)。本书所指的连锁是商业型连锁(以下简称为“连锁”)。

在连锁体系中，连锁商一般会要求加盟商严格按照它独家供应的原材料或信息来"生产"提供给终端消费者的产品、服务或两者的混合。在服务型连锁体系中,连锁商向加盟商提供专有信息,加盟商基于这些信息"生产"并向终端消费者提供服务。连锁商提供的专有信息主要涉及:(1)加盟商开办门店所需要的相关信息,例如地址选择、房产租赁、法律咨询等(Grunbagen and Dorsch, 2003; Kalnins and Mayer, 2004; Monroy and Alzola, 2005);(2)加盟商能够"生产"出合格服务所需要的实际知识、诀窍以及市场信息等(Shane, 1996; Windsperger, 2004; Monroy and Alzola, 2005);(3)有助于加盟商提升自身经营水平的管理准则、财务准则、管理信息系统等(Monroy and Alzola, 2005)。加盟商被期许充分利用这些信息,以形成向终端消费者提供服务的能力及整体的经营能力(Windsperger, 2004),从而获得收益。加盟商进而被要求将收益中的一部分以费用的形式(一般包括初始加盟费、特许费用、广告费用、培训费用等)转移给连锁商,从而使连锁商无需与终端消费者打交道便可获益(Dant and Berger, 1996; Grunbagen and Dorsch, 2003; Combs et al., 2004)。可见,在服务型连锁体系中,连锁商与加盟商之间的基本交换形态为:前者向后者提供无形信息,后者向前者支付费用。信息传递构成了连锁商与加盟商交换的核心,奠定了双方关系存在和存续的基础;连锁商的行为围绕着信息传递而展开,加盟商对其"商业友情"的感受将从信息传递中获得。

而连锁商也有动机在信息传递中表达出"商业友情"。加盟商面对终端消费者展开经营,会不断累积起所在地区的市场信息和消费者信息,从而拥有自己的专有信息(Kalnins and Mayer, 2004; Windsperger, 2004)。此类信息有助于修正、完善连锁商专有信息,有助于提升整个连锁体系的经营获利能力,有助于增加连锁商自身的收益,是连锁商希望得到的。而且,加盟商在合同期满后是否愿意继续留在现有连锁体系中、是否会传播连锁商的正向口碑以吸引更多加盟商，都会显著地影响连锁商的收益。在连锁商—加盟商交换中，连锁商无法强制要求加盟商从事付费之外的上述行为，它只能通过传递“商业友情”来鼓励上述行为。

3.1.2 商业友情维度的界定

本书通过“隐喻”(Metaphor)方法来提出组织间商业友情的维度。隐喻提供了一种独特的方法来理解组织，由于它所达到的效果绝非其他方法所及，因而越来越在组织研究中得到重视和应用(Cornelissen, 2006)。比如，类比个体身份，“组织身份”概念被提出(Heide and Wathne, 2006)；类比个体学习，“组织学习”概念被提出(Cornelissen, 2006)。关系营销领域内的组织间信任、承诺、满意等诸多概念，也是从个体层面扩展到组织层面的(Dwyer et al., 1987; Anderson and Weitz, 1992; Morgan and Hunt, 1994)。在此，本书也将从有关个人友情的文献中甄选出若干维度，用以界定组织间商业友情的维度。

根据已有的个人友情研究文献，“自我披露”指的是向对方披露自身的想法、“亲密”体现与对方关系密切、“共生倾向”体现为关心及帮助对方，可用来表征个人友情。表 3-1 列举了有关这三个维度的一些代表性研究。

表 3-1　　友情三维度的代表性研究

友情维度	个人友情维度的代表研究	个人友情维度的表达	友情维度的定义
自我披露 Self - Disclosure	社会情境中 Bigelow(1977) Paker 和 Asher(1993) Mendelson 和 Aboud(1999)	 Self - Disclosure Intimacy Self - Disclosure	向对方披露 自身的想法
	商业情境中 Haytko (2004) Grayson (2007)	 Self - disclosure Intimacy	

续表

友情维度	个人友情维度的代表研究	个人友情维度的表达	友情维度的定义
亲密 Closeness	社会情境中 Berndt 和 Perry (1986) Paker 和 Asher (1993) Bukowski 等(1994) Arunkumar 和 Dharmangadan (2001)	 Intimacy Intimate Exchange Closeness Intimacy	与对方关系紧密
	商业情境中 Price 和 Arnould (1999)	 Closeness	
共生倾向 Communal Orientation	社会情境中 Bigelow (1977) Paker 和 Asher (1993) Mendelson 和 Aboud(1999) Arunkumar 和 Dharmangadan (2001)	 Empathy Help Help Support	感觉应该对对方好；关心对方、帮助对方
	商业情境中 Goodwin (1996) Price 和 Arnould (1999) Grayson (2007)	 Communality Caring, Proving Favors Communal Orientation	

资料来源:整理自相关研究。

本书将采用“自我披露”、“亲密”、“共生倾向”这三个维度来表征组织间的商业友情。由于在服务型连锁体系中,连锁商的行为围绕着信息传递而展开,加盟商会依据自身对信息传递的感受来评判连锁商的“商业友情”,因而本书对商业友情三维度的界定将围绕着信息传递而展开。具体地,“自我披露”维度针对的是连锁商所传递的专有信息的数量,反映的是加盟商认为连锁商积极地进行专有信息传递的程度。“亲密”维度反映的是加盟商在多大程度上认为连锁商通过信息传递在两者之间建立了密切的联系。

“共生倾向”维度体现的是加盟商在多大程度上认可连锁商在信息传递中践行了互惠准则最关键的一个方面——连锁商将“使加盟商获得好收益”视为自身义务。

按照学者 Dwyer 等(1987)、Anderson 和 Weitz(1992)、Morgan 和 Hunt(1994)的做法,在将这三个维度从个人层面扩展到组织层面时,还要确保体现其特性的要素一致。在人与人的友情中,自我披露意味着向对方道出自己的想法;亲密意味着与对方建立了紧密的连接;共生倾向作为社会交换中“互惠原则”的一个体现,就是真心希望对方好、想要关心和帮助对方。对于连锁商而言,这三个维度依然体现的是它向加盟商披露自身想法、与加盟商建立紧密联结、以“互惠”方式对待加盟商。不同的是,个体之间披露的可以是自身在社会生活中的任何信息,他们之间的紧密连接、它们对于彼此的关心可通过多种方式来表现;而连锁商的对应行为仅是围绕着商业交换中的信息传递而展开的。由此,组织间商业友情的三维度依然保有着对应个人友情维度的特性要素,它们反映的是商业友情而不是其他概念。

3.1.3 商业友情维度的内涵

连锁商在越大程度上共享专有信息,加盟商会认为其“自我披露”越充分。对于它们之间的“亲密”程度,本书提出可通过两个指标来衡量:第一,加盟商要感到自身不仅仅是连锁商所传递信息的接收者,还是信息的共同创造者;第二,加盟商可以快速、准确地理解加盟商传递出的信息。若连锁商要传达出“共生倾向”,则不仅要有希望加盟商取得良好收益的意愿,还要通过具体行动来帮助加盟商实现这个目标。

根据本书第 2 章的论述,各种关系契约规范(主要是隐性的规范契约)规制着组织间长期的交换关系,故连锁商对“商业友情”的传递是通过遵从某些关系规范的行为而实现的。商业友情的三个维度恰可对不同关系契约规范进行反映——自我披露反映了角色“诚实”，亲密反映了“团结”，共生倾向反映了“互惠”及“灵活性”。这显示商业友情概念契合关系契约视角、契合现有的组织间交换关系研究框架。

就内涵而言，商业友情三维度与已有的一些研究变量存在着重合，具体如表3-2所示。其中，“自我披露”内涵与“信息共享”类似，衡量“亲密”的两个指标与“参与”、“沟通质量”的内涵重合，“共生倾向”更是本身就可通过“善意”、“灵活”来体现。这种内涵上的重合有助于我们借鉴已有量表来设计商业友情维度的度量项目。

表3-2　　　　商业友情三维度的内涵说明

商业友情维度	商业友情维度体现的关系契约规范	内涵存在重合的研究变量及对其的解释	代表研究举例
自我披露	角色诚实	信息共享(Information Sharing) 专有信息在多大程度上被告知对方 公开性(Openness) 信息在多大程度上被共享	Mohr和Spekman (1994) Gundlach等(1995) Bond等(2004)
亲密	团结	沟通质量(Communication Quality) 在多大程度上所传递信息具有准确性、及时性、真实性	Mohr和Spekman (1994) Palmatier等(2007)
		参与(Participation) 在多大程度上双方联合参与目标、计划的设定	Mohr和Spekman (1994) Koza和Dant (2007)
共生倾向	互惠 灵活性	善意(Benevolence) 在多大程度上能够在利己动机之外为对方考虑	Cannon (1997) Colquitt等(2007)
		灵活(Flexibility) 在多大程度上愿意做出调整以帮助对方	Kaufmann和Dant(1992) Koza和Dant (2007)

资料来源：总结自相关研究。

商业友情维度与已有研究变量在内涵上的重合，有力地支持了借鉴已有量表来设计它们度量项目的合理性与可行性。然而，相同度量项目的存在会造成商业友情维度与已有变量在统计意义上相关，且这种相关本身并无实质性的理论意义，从而可能使“商业友情”成为一个“蹩脚定义”(Bad Definition)(Wacker, 2004)。不过，此问题只有在可能成为“蹩脚定义”的概念与已有概念同时存在于理论体系之中时才可能出现。本研究提出“商业友情”的一个目标就是用它来替代已有的若干概念；且“商业友情”所能替代的概念越多，越具有理论上的概括性(Wacker, 2004)。由此，商业友情概念不会受到“蹩脚定义”的困扰。

事实上，在过去20多年间，学术界提出了诸多概念来展开对组织间交换关系的探讨。诚然，不同概念以及不同概念所体现的视角在研究初期会推动其发展，但当研究发展到比较成熟的阶段时，我们往往需要减少概念的数量，构建出更简洁的理论体系。本书认为，“商业友情”概念的引入将有助于减少现有组织间关系研究中的概念数量，有助于简化该领域内的理论体系。

综合以上讨论，“自我披露”、“亲密”、“共生倾向”三个维度可以反映组织间的商业友情。这构成了本书的第1个研究假设H1。

H1：**自我披露、亲密、共生倾向作为三个不同维度，能够反映商业友情。**

3.2 商业友情对朋友形象的影响

3.2.1 “(连锁商)商业友情”到“(连锁商)朋友形象”的转化

对于个体而言，其“自我”所涉及的不仅有“私人身份”，还有

“社会身份”(Schwartz, 2005)。私人身份体现了个体自身的目标、特点、偏好、行为规范、价值、信条等(Schwartz, 2005; Howard, 2000);社会身份回答了“在社会中——确切地说,是在某个社会关系中——‘我是谁’(Ashforth and Mael, 1989)”这个问题,体现了个体在社会中的定位。根据符号互动理论(Symbolic Interaction Theory),社会身份是个体在与他人的互动和接触过程中逐步形成的,互动会对个体自我的发展产生非常重要的影响(Burke, 1977; Burke, 1980; Howard, 2000; Postmes et al., 2005)。具体而言,目标个体并不是在互动之前就已经拥有了一个固定身份,而是对方在接触中会观察其行为,归纳其社会身份特征,进而对其身份进行解读(Alvesson and Willmott, 2002; Postmes et al., 2005)。将此过程扩展到组织间的接触中,则表现为对方组织对目标组织的身份进行感知和判断(Beech and Huxham, 2004)。

Beech 和 Huxham(2004)简要描述了身份形成的循环过程,具体可见图 3-1。在这个循环过程中,有 X 和 Y 两个行为主体,他们各自的行为都是针对对方而展开的。具体地,X 的行为受到 X 对自己身份如何界定的影响;Y 对于 X 身份的界定受到了 Y 对于 X 行为解释的影响,Y 对于 X 身份的界定和 Y 对于 X 行为的解释会影响 Y 的行为;X 会根据 Y 的行为来评估 Y 对自身的看法,从而确定自己的身份。

视 X 为目标行为主体并以 X 对自身身份的界定为循环起点,可以发现:行为主体 Y 会根据 X 的行为来确定 X 的身份,即 Y 会根据它对 X 行为的解读来界定 X 的社会身份。根据本书第 2.1 节的论述,Y 界定出的是 X 的“宾我”,反映了“Y 眼中的 X 形象”。具体到连锁商—加盟商交换中,加盟商会在双方的各种往来、互动中观察连锁商的行为,据此判断连锁商“宾我”角度的社会身份,定位连锁商的形象。如果连锁商欲建立一个"朋友形象",它会通过行动传递"商业友情",加盟商会根据感知到的"商业友情"来判断连锁商是否以及在多大程度上具有"朋友形象"。加盟商所感受到的"商业友情"越强烈,越有可能认可连锁商的"朋友形象"。这构成了本书的研究假设 H2a。

H2a:加盟商感受到的商业友情越多,则越有可能认为连锁商具有朋友形象。

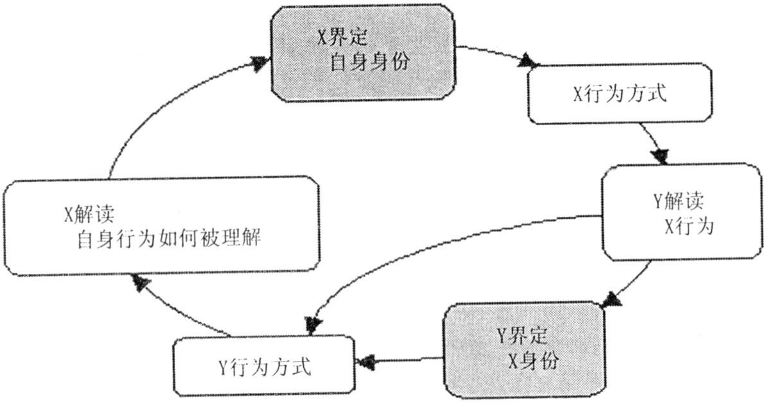

资料来源:调整自 Beech 和 Huxham(2004)。

图 3-1 身份形成循环

3.2.2 "(连锁商)商业友情"对"(加盟商)朋友形象"的促进

加盟商感知到的"商业友情",不但会影响它对连锁商"朋友形象"的评估,还会影响到它对自身欲建立形象的定位。

根据本书第 2.2 节的论述,连锁商和加盟商在长期交换中会缔结起关系契约。关系契约的存在使交换方倾向于"既完全自利又完全是社会生物(MacNeil, 1983)",为了满足这两种相互分裂却又共存的动机，交换方会同时采取“互惠”和“团结”的行为导向(MacNeil, 1983)。互惠要求任何一方都有义务去偿还从对方所获之收益(Uehara, 1995)，保证了自身可以从对方得到回报；团结则让自身感到可以依赖对方，从而将互惠沿时间不断推进(MacNeil, 1983)。在连锁体系这样一个社会小生境中，加盟商与连锁商高度依赖，它们之间的团结因是双方生存的前提而已然得以遵循，加盟商作为“社会生物”的一面主要通过其互惠得以体现。均衡理论(Balanced Theory)指出：个体对于所处关系中的不均衡会感到不安，会倾向于回报对方的给予(Curry and Emerson, 1970; Olk and Gibbons, 2010)。因此，在加盟商感受到连锁商的商业友情之后，会有动机也传递出商业友情；且加盟商感受到的连锁商友情越大，越愿意传递出友情。

根据 Mead(1934)的符号交互理论，个体在与他人互动过程中能够将自身视为一个被评价的客体，像用符号标示其他个体一般来标示自己(Mead, 1934; Burke, 1980)。具体到连锁商—加盟商交换中，加盟商将连锁商传递“商业友情”的行为与它建立“朋友形象”的动机联系起来，是非常合理的。当加盟商采用这种关联来看待自身传递友情的动机时，便会这样标示自己：自己也想在连锁商眼中建立一个朋友形象。

综合上述讨论，本书提出研究假设 H2b。

H2b：加盟商感受到的商业友情越多，越愿意向连锁商呈现一个朋友形象。

3.2.3 “(连锁商)朋友形象”对“(加盟商)朋友形象”的作用

同样地，在“互惠”的作用下，加盟商对连锁商形象的评估也会影响它对自身欲建立形象的看法。加盟商越是认可连锁商具有朋友形象，越愿意自己也塑造出一个朋友形象。这构成了本书的研究假设 H2c。

H2c：加盟商越是认为连锁商具有朋友形象，则越愿意向连锁商呈现一个朋友形象。

3.3 朋友形象对满意的影响

组织间满意在营销领域内一直得到了广泛的重视和研究。在以渠道为代表的组织间关系中，渠道成员的满意被视为渠道获得长期生存能力的关键(Dwyer, 1980)，对渠道关系有着至关重要的影响(Anderson and Narus, 1984, 1990; Dwyer and Oh, 1987; Brown et al., 1991; Geyskens et al., 1999; Geyskens and Steenkamp, 2000)，是理解渠道关系的基础(Ruekert and Churchill, 1984)。从20世纪70年代到90年代末期，满意是渠道关系实证研究中讨论最多的变量(Geyskens et al., 1999)，很多研究更是将其视为表征渠道成员关系好坏的目标变量(Robicheaux and El-Ansary, 1975; Frazier, 1983; Frazier et al., 1988; Anderson and Narus, 1990)。自20世纪90年代中后期开始，以“信任”、“承诺”为中介变量的关系营销模型成为了分析组织间关系的一个主流范式。大量的实证研究表明信任、承诺对于满意有正向影响。例如，信任作为前置因素会导致满意(Andaleeb, 1996; Anderson and Narus, 1990; Geyskens et al., 1998; Rodriguez et al., 2006)；承诺既会影响组织成员对经济利益的满意(Rodriguez et al., 2006)，也会影响它对非经济利益的满意(Artz, 1999; Jap and Ganesan, 2000; Siguaw et al., 1998; Rodriguez et al., 2006)。这些研究促使满意得到了更充分的解释。

“满意”之所以是组织间关系研究中的一个关键变量，深层次的原因在于组织间交换关系研究框架本身。根据本书第2.2节的论述，在关系契约视角下，交换中的双方组织会建立起直接联系，缔结起关系契约。社会交换理论是该视角下对组织间关系进行剖析的一个工具，是相关学者将满意概念从个体层面引入组织层面的理论依据（Anderson and Narus, 1984, 1990; Dawyer et al., 1987）。根据社会交换理论，交换会给双方带来经济收益和社会收益，交换带来的正向收益会增进双方的信任和承诺，不断带来正向收益的交换有助于形成交换准则。营销学者为了建立"能'成功'展开实证研究的模型"（Wilson, 1995），对社会交换理论所涉及的相关概念进行了"操作化"处理。变量"信任"、"承诺"、"关系规范"是对理论概念"信任"、"承诺"、"关系交换准则"的"操作化"，变量"满意"则是对"成功的交换关系"的操作化（Lambe et al., 2001）。

"满意"能够衡量交换是否成功，可以反映交换方对所获收益的感受，在整个组织间关系研究中占据着关键位置。根据本书第2.2和2.3节的论述，心理契约的引入并没有推翻原有的关系契约视角，而是对其进行了完善；在"关系契约＋心理契约"视角下的组织间交换关系研究框架中，"满意"的理论价值依旧。因此，本书将以"满意"为中介变量，来考察"商业友情—朋友形象"转化对交换关系维持的影响。本节将首先考量朋友形象对满意的影响。

3.3.1 满意的界定

（一）已有研究中满意的界定

在将"满意"从个体间扩展到组织间的过程中，不同学者对它的界定不尽相同。本书对涉及组织间满意的主要实证研究进行了梳理，发现满意界定的差异主要体现在以下两个方面。

（1）看待满意的角度不同

长期以来，研究者从态度认知和情感反应两个角度对个体层面上的顾客满意进行界定。Oliver(1980)提出了期望差异模式，认为满意体现了顾客在态度上的认知和评判：顾客将感受到的实际产品绩效与持有的产品绩效期望进行对比，若前者大于后者，则产生正差异，导致满意；反之，则导致不满意。同时，一些学者实证研究发现顾客的正向情感与满意正相关、负向情感与满意负相关，且情感和满意之间的关联不受他们如何感受产品绩效的影响（Westbrook, 1987; Westbrook and Oliver, 1991; Fournier and Mick, 1999），提出满意可以由情感直接产生。而期望差异模式的提出者Oliver后来也修订了他对顾客满意的原始定义，承认满意是顾客认知和自身情感反应的综合（Oliver, 1997）。

参照个体层面上满意的界定方式，组织间关系的研究者也采取了认知和情感两个视角来定义组织满意。在认知视角下，组织对交换关系的满意/不满意"反映了交换方的认知状态，该认知状态是对于自身收益是否足够的一种感受"（Frazier, 1983）。例如，连锁体系中的加盟商满意就是"加盟商对于它与连锁商之间交换的评估"（Gassenheimer et al., 1996）。且正如期望差异模式所指出的，"如果交换方在交换中所获实际收益低于自身的期望，交换方会对整个交换感到不满意"（Frazier, 1983）。在情感视角下，组织的满意"是一种正向的情感状态，该情感状态源于它对自身与另一组织经营关系所有方面的评估"（Anderson and Narus, 1984）。此定义也得到了广泛的认可，被众多研究者所采用（Andreson and Narus, 1990; Skinner et al., 1992; Scheer and Stern, 1992; Ganesan, 1994; Chiou et al., 2004）。

(2) 对满意针对对象的明确程度不同

已有大多数研究并没有明确满意所针对的具体对象，只是概括地设定某一交换方的满意是它对整体交换或对"与对方经营关系所有方面"（Anderson and Narus, 1984）进行评估而产生的态度认知或情感反应（Anderson and Narus, 1984, 1990; Gaski and Nevin, 1985; Frazier et al., 1989; Skinner et al., 1992; Scheer and Stern, 1992; Gassenheimer et al., 1996; Chiou et al., 2004）。而一些学者将满意明确为针对经济收益的满意。例如，Frazier (1983)认为交换方的认知状态源于它对自身实际收益与预期收益的比较，Ganesan (1994) 指出“满意反映了一种正向的情感状态，而此情感状态是某一方基于交换收益而产生的”。事实上，在研究推进过程中，学术界也尝试着明确满意针对的对象。Dwyer 和 Gassenheimer(1992)提出，满意来源于“从交换中不断获得的经济收益，以及与此相伴的可靠、公平、令人愉快的社会互动”。Geyskens 等(1999)在对已有研究进行总结的基础上，提出将满意区分为经济满意和非经济满意：经济满意是某一交换方对于经济收益的正向情感反应，非经济满意是它对于交换关系中不涉及经济收益方面的正向情感反应。Geyskens 和 Steenkamp(2000)将前述非经济满意进一步明确为社会满意，指出其对象是交换中不涉及经济收益的社会互动。

(二) 加盟商满意的界定

从满意界定的差异中，我们发现学术界主要从两组(四个)角度，即“情感/非情感”角度、“经济满意/非经济满意(社会满意)”角度来理解满意。表 3－3 通过研究举例对此进行了展示。综合这两组角度，本书提出加盟商满意既体现了它的态度认知，也包括了它的情感反应；既有经济满意，也有非经济满意(社会满意)。

具体地，加盟商的经济满意源于认知。作为一个组织，加盟商与连锁商展开交换的根本目的是获取经济收益。即使没有双方之间良好的社会互动，但只要有充分的经济收益，加盟商依然能够产生满意感。这种满意与情感无关，体现了加盟商的一种态度认知。同时，虽然加盟商看重经济收益，但不可置否的是，在经济收益得以保证的情况下，它与连锁商之间愉快的社会互动可以唤起加盟商的正向情感，从而激起加盟商的满意感。

综上，加盟商满意是它对与连锁商之间交换的经济收益和社会互动的总体满意，涵盖经济满意和社会满意两个方面。鉴于本书并不着眼于探讨满意本身的影响，而是将其视为“商业友情—朋友形象"转化发挥作用的中介,因而假设中将只提及总体满意。不过,经济满意和社会满意作为总体满意的两个方面,会出现在提出假设的具体分析过程之中。

表 3-3　　　　　　　从两组角度界定满意的研究

	经济满意	非经济满意（社会满意）	经济满意及社会满意	总体满意
情感	Ganesan (1994)	Mohr and Speksman (1994)	Dwyer 和 Gassenheimer (1992) Gassenheimer 和 Ramsey (1994) Geyskens 等(1999) Geyskens 和 Steenkamp (2000) Rodriguez 等(2006)	Anderson 和 Narus (1984,1990) Gaski 和 Nevin (1985) Frazier 等(1989) Skinner 等(1992) Scheer 和 Stern (1992) Chiou 等(2004)
认知	Frazier (1983) Brown 等 (1991)			Gassenheimer 等 (1996) Mohr 等(1996)

资料来源:总结自相关研究。

3.3.2 "(连锁商)朋友形象"对(加盟商)满意的影响

(一) (连锁商)朋友形象—(加盟商)经济满意

信息是"可以帮助人们整理、统筹环境因素,从而更好地应对所面临情形的任何内容"(Schramm, 1973)。在组织形成收益最大化战略的过程中,信息是一个核心因素(Gu et al., 2010),信息就是组织所拥有的一项资产。加盟商之所以会选择加入连锁体系,就是希望获得连锁商的专有信息并借此展开商业活动(Gassenheimer et al., 1996)。这些专有信息主要包括:(1)加盟商开办门店所需要的相关信息如地址选择、房产租赁、法律咨询等;(2)加盟商能够"生产"出合格产品或服务所需要的实际知识、诀窍以及市场信息等;(3)有助于加盟商提升自身经营水平的管理准则、财务准则、管理信息系统等。加盟商被期许充分利用这些信息来形成自身的经营能力,从而获得收益。加盟商同时被要求将所获收益中的一部分以费用的形式(一般包括初始加盟费、特许费用、广告费用、培训费用等)转移给连锁商,使连锁商无需与终端消费者打交道,仅通过提供专有信息便可获取收益。可见,在连锁体系尤其是服务型连锁体系中,连锁商的行为是围绕着信息传递而展开的。如果连锁商欲建立一个"朋友形象",便会在传递信息的过程中表达出"商业友情";而加盟商则在接收信息的过程中感受其"商业友情",并据此对连锁商是否具有以及在多大程度上具有"朋友形象"进行评判。加盟商越是认为连锁商具有"朋友形象",则意味着它越是认为连锁商的行为传递了"商业友情"。

根据本章第1节的论述,构成"商业友情"的其中一个维度是"自我披露"。它针对的是连锁商所传递专有信息的数量,反映的是加盟商认为连锁商积极地进行专有信息传递的程度。在商业交换中,组织并不总是愿意与对方充分共享信息。例如,渠道成员可能会通过隐藏、改变等方式对一些有价值的信息进行控制,以此获得单边权力,或者为了自身利益有选择性地传递信息(Mohr and Sohi, 1995)。较之一般的商业交换,连锁体系的特殊性在于连锁商提供的专有信息既是加盟商收益的源泉,也是它自身获利的基础——加盟商以初始加盟费、特许费用、广告费用、培训费用等形式向连锁商转移部分收益(Dant and Berger, 1996)。但加盟商在合同期满后有可能转投到其他体系而成为当前连锁商的竞争者,且在一些体系中,连锁商的直营店和加盟商同时存在、相互竞争,因此连锁商并非总是愿意毫不保留地共享全部信息。由此,加盟商越是认为连锁商的行为传递了"商业友情",则意味着它越是认为连锁商充分传递了信息。

构成"商业友情"的另一个维度是"亲密"。它会通过衡量连锁商传递信息的质量，即信息准确、及时可靠、易被理解(Daft and Lengel，1986；Mohr and Speksman，1994；Mohr and Sohi，1995)，来反映加盟商在多大程度上认为连锁商愿意在两者之间建立密切联系。同样地，加盟商越是认为连锁商的行为传递了“商业友情”，意味着它越是认为连锁商传递信息的质量高。

信息可以促使人们更有效地履行职责、完成任务(Mohr and Speksman，1994)，有用的信息可以帮助组织改善绩效，比如提高新开办企业的销售增长(Zahra et al.，2000)、促进成长中的高科技公司进行新产品开发(Yli－Renko et al.，2001)、持续改进供应链中供应商的绩效(Joshi，2009)等。组织之间以信息为原料的沟通更是会对双方绩效产生影响，比如提升整个连锁体系的业绩(Gassenheimer et al.，1996)、促进双方共同投资企业的经营表现(Dhanaraj et al.，2004；Tsang，et al.，2004)。对于加盟商而言，它从连锁商处获得的信息越充分、质量越高，则在此基础上转化出的为顾客提供服务的能力就可能更强，它赢得更多终端消费者、获得更多收益的可能性就越大。

综上，加盟商对连锁商的朋友形象越是认可，意味着它获得更多经济收益的可能性越大。进一步地，加盟商所获经济收益超过自身预期的可能性就越大，加盟商针对经济收益产生认知满意的可能性就越大。这就是说，加盟商越是认可连锁商的朋友形象，加盟商的经济满意就越强。

(二)(连锁商)朋友形象—(加盟商)社会满意

“商业友情”的“亲密”维度还会通过衡量连锁商积极寻求加盟商反馈的程度，来反映加盟商在多大程度上认为连锁商愿意在两者之间建立密切联系。“商业友情”的第三个维度“共生倾向”反映了加盟商在多大程度上认可连锁商践行了互惠准则，在多大程度上感受到连锁商会替它考虑、愿意灵活地为它提供帮助。这两个方面共同体现了加盟商和连锁商在信息传递中的社会互动。而加盟商越是认为连锁商的行为传递出了“商业友情”，意味着它越认为与连锁商之间有着良好的社会互动。

当个体对其社会互动经历进行评判时，会产生一种情感状态(Westbrook, 1981)，正向的情感状态就是满意(Crosby et al., 1990)。在相互接触中，他人积极寻求个体的反馈以及关心、帮助个体无疑会增加个体产生正向情感的几率，会提升个体满意。例如，Price 和 Arnould(1999)实地访谈表明发型师对顾客个人的关心和额外帮助与顾客满意正相关。在连锁体系中，加盟商与连锁商在交换中不断进行着社会互动；类似于个体，连锁商越是积极地寻求加盟商的意见，越是关心并帮助加盟商提高绩效，加盟商就越有可能从中产生正向情感、越会达到社会满意，即加盟商越是感到与连锁商之间社会互动良好，越会在交换中感受到社会满意。

综上，加盟商对连锁商的朋友形象越是认可，意味着它越认为与连锁商之间社会互动良好，越会在交换中感受到社会满意。

经济满意和社会满意构成了本书所界定的加盟商总体满意。对上述分析的总结可表述为研究假设 H3a。

H3a：加盟商越是将连锁商视为朋友，就越会对自身与连锁商之间的交换感到满意。

3.3.3 “(加盟商)朋友形象”对(加盟商)满意的影响

当个体感受到群体或组织的吸引力并产生了与它们保持某种情感上的联系的欲望时，个体便对它们产生了认同感(O' Reilly and Chatman, 1986; Abrams et al., 1998; Ouwerkerk et al., 1999)。根据社会身份理论，个体会参照所在群体或组织来回答“在社会中‘我是谁’”这个问题，对自身“主我”(或“宾我”)角度的社会身份进行界定(Ashforth and Meal, 1989)。个体对所处组织的认同感越强，越有可能根据组织形象来定位自身形象(Dutton et al., 1994; Elsbach, 1999)。例如,3M公司的一位产品销售人员将自己描述为"创新、成功",而这正是3M公司作为一个组织对自身形象的定位(Dutton et al., 1994)。由此可见,认同感会使个体对自身形象的界定与所在组织的形象产生重叠(Dutton et al., 1994; Riketta and Van Dick, 2005),且这种重叠越大,则表明个体对所在组织的认同越强烈(Dutton et al., 1994)。

根据已有论述,连锁体系中的加盟商会基于所感受到的商业友情和对连锁商朋友形象的看法,来决定自身希望传递出的形象。加盟商越是有意愿传递出朋友形象,表明它对于连锁商的行为和朋友形象越具有认同感。

社会身份理论指出,认同感会促使个体采取与认同对象相同的视角和立场(Mael and Tetrick, 1992; Dutton et al., 1994),会使个体认为对方在某种意义上就代表了自身(Knippenberg and Van Schie, 2000)。而个体倾向于对与自身有关的事物做出正向评价(Beggan, 1992),倾向于对其表示满意。在连锁体系中,加盟商从连锁商处获得了信息,形成了自身的经营能力,并因此获得了经济收益。加盟商对连锁商的认同感越强,就更会从连锁商的立场出发,对此经济收益给予正向评价,从而更可能对所获得的经济收益感到满意。

不仅如此,认同感还会促使个体对所认同对象产生偏向性的正向看法。例如,由于国家认同,一国国民会对自己国家产生正向情感(Mummendy and Klink, 2001);由于组织认同,组织成员往往会对自己所属组织以及其他组织成员产生好评(Tajfel and Turner, 1986)。对于加盟商而言,它对连锁商越是认同,就越容易对连锁商产生好感,从而对它们之间的社会互动感到愉快和满意。

综上,加盟商越是想要建立起朋友形象,就越会对连锁商的行为和形象产生认同感,越会在总体上对它们之间的交换感到满意。这就是本书的研究假设H3b。

H3b:加盟商越是想要建立朋友形象,就越会对自身与连锁商之间的交换感到满意。

3.3.4 分配不公平作为控制变量

加盟商所接收到的信息越充分、质量越高,为顾客提供服务的能力就会越强,从顾客处所获得的经济收益也会越多。然而,加盟商必须以初始加盟费、特许费用、广告费用、培训费用等形式将部分收益转移给连锁商(Dant and Berger, 1996),剩余部分才是加盟商最终的经济收益。按照 Adams(1966)和 Walster 等(1973)提出的公平理论(Equity Theory),加盟商会将自身的(收益/付出比值)与连锁商的(收益/付出比值)进行比较,判断它们之间的收益分配是否公平。

如果这两个比值完全相等,则达到了完全公平;否则就是不公平。对加盟商而言,前者小于后者,是负向不公平;前者大于后者,则是正向不公平。负向不公平就是本书所指的分配不公平。

显然,分配越是不公平,加盟商在同等付出下所获得的最终经济收益就越少。即便所获收益大于期望收益,但与分配公平条件下的情形相比,它们之间的正向差距会变小,进而使得加盟商对于自身经济收益的满意程度会减弱。同时,如果加盟商感到分配不公平,它会对连锁商是否真正关心自己产生怀疑,这种负向情感又可能削减加盟商的社会满意。由此,理论上分配不公平会对加盟商的总体满意产生负向影响。

而已有的实证研究也显示分配不公平确实会对组织的满意产生影响。例如,渠道成员若感觉到分配不公平,会产生负向情感反应(Frazier, 1983; Fraizer et al., 1988),甚至会产生针对对方的敌意(Scheer et al., 2003)。

考虑到分配不公平对加盟商总体满意的潜在负向影响,本书在考察朋友形象对满意影响的过程中将其作为控制变量,以确保所得结果可以准确地反映朋友形象的作用。

3.4 满意对加盟商公民行为的影响

以“满意”为中介来考察“商业友情—朋友形象”转化对交换关系维持的影响，不仅需要考量朋友形象对满意的影响，还需要考量满意对表征交换关系维持效果的“加盟商公民行为”的影响。上一节（第3.3节）讨论了前半部分内容，本节将讨论后半部分内容。

3.4.1 “加盟商公民行为”及其构成

“加盟商公民行为”概念是参考了“组织公民行为”概念而提出的。本节将阐述什么是组织公民行为、为什么可以提出“加盟商公民行为”、本研究中的“加盟商公民行为”包括哪些具体行为。

（一）组织公民行为

“组织公民行为”（Organizational Citizenship Behavior, OCB）自1983年由Organ等学者提出以来，就一直是组织内个体行为研究中的核心概念。它指的是“会在整体上促进组织有效地实现其功能，却未经正式奖赏体系明文规定而是由组织内的个体凭其自由意志所做出的‘个体行为’”（Organ, 1988）。之所以将此类行为视为个体自由意志的产物，是因为“它不在个体与组织所签订的雇佣合同之中，不在工作职能的强制性要求之列，且未从事该行为一般情况下并不会导致个体受到处罚”（Organ, 1988）。

与正式要求的行为相比，组织公民行为在某种程度上是一个矛盾。一方面，它对应的是组织正式要求之外的行为。它不是组织正式要求的、个体必须履行的职能行为（In-Role Behavior），而是一种附加职能行为（Extra-Role Behavior）（Van Dyne et al., 1995）。这些行为包括个体主动帮助其他组织成员解决问题、积极参与组织活动，甚至对组织保持某种忠诚等。这些行为也被称为“亲社会的组织行为”(Prosocial Organizational Behavior)(Brief and Motowidlo, 1986)或“公民性组织行为”(Civic Organizational Behavior)(Graham, 1991)。另一方面，虽然不在组织正式规定之内，这些行为却对于组织高效而成功地运行起着非常重要的作用。例如，可以促使高素质的雇员留在组织中，提高雇员的产出，促进各工作小组内部以及跨小组之间的协调，促进组织绩效的提升等(Bolino et al., 2002)。事实上，“组织公民行为”概念之所以被提出，主要在于 Kate (1964)的发现——组织的高效运转有赖于员工超出自身职责规定之外的行为(Bolino et al.,2002)。

这种看似矛盾，实际上是关系契约的存在和作用使然。按照本书第 2.2 节的论述，任何交换都不是在真空中而是在社会中进行的，在将交换延伸到未来的进程中，双方会建立起直接关联，缔结起关系契约。关系契约会使交换双方遵守一些非正式的、隐性的规范，展开有别于经济交换的社会交换。在组织中，个体展开社会交换的对象可以是抽象的组织，其行为包括对于组织的服从、忠诚等(Podskoff et al., 2000)，也可以是组织中的其他个体，其行为包括帮助他人解决问题、对他人工作中的不足予以容忍、不对他人产生怨恨、对他人提出建设性意见等(Podsakoff et al., 2000)。由此，组织公民行为在本质上就是组织中的个体所展开的社会交换。但对于这些行为，“经理想要要求但技术上又无法实现”(Motowidlo, 2000)。它们未出现在组织正式的规定中，只能由个体凭其自由意志来做出。

(二) 其他情境中的“公民行为”

“公民行为”最初只被用来分析个体针对所属组织或组织内其他个体而展开的行为。然而，随着其他领域的学者将此概念引入他们的研究之中，其应用逐渐突破了组织内外的界限。在营销领域中,“组织内的”销售人员针对“组织外的”顾客而展开的某些销售产品、提供服务的行为就被视为公民行为(Netemeyer et al., 1997; MacKenzie et al., 1998; Bettencourt et al., 2001; Hui et al., 2001)。不仅如此,“公民行为”还可用来指代外部成员本身的行为,例如一些学者提出用“顾客公民行为”这个概念来探讨顾客行为对于目标组织获益的影响(Groth, 2005; Bove, et al., 2009)。可见,“公民行为”概念可以突破组织内外的界限,用来表述交换方在更广阔的交换情境中的某些特定行为。

(三)“加盟商公民行为”的提出

在连锁体系中,加盟商与连锁商之间进行着商业交换:前者向后者提供各种专有信息,后者以初始加盟费、特许费用、广告费用、培训费用等形式向前者支付专有信息费用。从情境扩展的角度而言,用“公民行为”来表述加盟商在此交换中的某些特定行为,是完全说得通的。

然而,加盟商的某些特定行为要成为真正意义上的“公民行为”,还必须不受正式规定的要求和约束,可由加盟商自由决定且能够体现社会交换。根据本书第2章第2、3节的论述,加盟商和连锁商在开展交换时会签订正式的、书面性的显性契约。显性契约正式规定了双方的义务——加盟商义务主要涉及按时、按量支付费用,连锁商义务主要涉及授权使用品牌、进行人员培训、信息传递等。由于双方在制定显性契约时无法预见未来的所有可能情况,导致显性契约不足以应对交换中出现的各种问题。现实的情形是,连锁商和加盟商会在长期接触中缔结起关系契约,形成一系列非正式的、隐性的规范契约,且双方会主要根据自身对这些规范的理解,来确定、履行自身义务,从而以社会交换的方式完成商业交换。加盟商遵从规范契约的行为在显性契约的正式规定之外,很大程度上可由加盟商自由决定,体现了它与连锁商之间超越了单纯经济交换的社会交换，是“加盟商公民行为”。

（四）“加盟商公民行为”的构成

在连锁体系中，(1)加盟商累积起来的所在地区市场信息和消费者信息有助于修正、完善连锁商已有的专有信息，有助于提升连锁商的信息质量，进而有助于提升整个连锁体系的经营获利能力，提高加盟商转移的收益，最终增加连锁商自身的收益。(2)连锁商拥有的加盟商越多，所获收益越大。如果现有加盟商向外界传播它的正向口碑，则可能有更多潜在加盟商选择它，进而为其带来更多收益。(3)如果现有加盟商在合同期满后脱离现有连锁体系，则连锁商的加盟商数量会减少，其收益会流失；它们留下来则不会导致连锁商收益流失。因此，连锁商尤为期望加盟商(1)能够充分传递所在地区的市场信息和消费者信息，(2)能够向外界传播它的正向口碑，(3)愿意在合同期满后继续留在现有连锁体系中。它们对应的行为分别为“信息共享”、“正向口碑”、“留存意愿”。这三种行为不在显性契约之列，它们可由加盟商自由把握，且超越了加盟商与连锁商之间单纯的经济交换——前者向后者提供各种专有信息，后者向前者支付专有信息费用，可被视为加盟商的公民行为。

进一步地，“信息共享”、“正向口碑”、“留存意愿”可以在已有研究中找到与之对应的公民行为。表 3 - 4 中列举了 Podsakoff 等(2000)基于 30 多种行为而归纳出的组织内个体的 7 种公民行为(即组织公民行为)，营销学者 Groth(2005)、Bove 等(2009)提出的具有代表性的顾客公民行为。类似个体会通过向外界传递所在组织的正向形象、考虑组织整体收益、在困难时刻对组织不离不弃等来表达“对组织的忠诚”，顾客会通过“向他人推荐”、“正向口碑”、“关系依附”等体现忠诚，连锁体系中的加盟商会通过“正向口碑”、“留存意愿”来反映对连锁商的忠诚。类似组织内个体会通过与其他成员共享观点、想法、理念等来表现自身的“公民美德”，顾客会通过给公司提供反馈、参加公司活动来表达“公民性”，加盟商会通过与连锁商共享自身的专有信息（所在地区的市场信息和消费者信息）来体现其“公民性”。由此，“信息共享”、“正向口碑”、“留存意愿”构成了本研究中的“加盟商公民行为”。

表 3－4　　不同情境中“公民行为”的比较

组织内个体的公民行为	顾客的公民行为		加盟商的公民行为
Podsakoff 等(2000)	Groth(2005)	Bove 等(2009)	
助人行为 (Helping Behavior)	帮助(其他)顾客 (Helping Customers)	协助监督其他顾客 (Policing of Other Customers)	
运动员风尚 (Sportsmanship)			
对组织的忠诚 (Organizational Loyalty)	向他人推荐 (Recommendation)	正向口碑 (Positive Word of Mouth) 关系依附 (Displays of Relationship Affiliation)	正向口碑 留存倾向
对组织的服从 (Organizational Compliance)			
个体主动性 (Individual Initiative)		灵活性 (Flexibility)	
公民美德 (Civic Virtue)	提供反馈 (Providing Feedback)	参加公司活动 (Participation in Firm's Activities) 使服务便利的善意行为 (Benevolent Acts of Service Facilitation) 改善服务的建议 (Suggestions for Service Improvements) 发表意见(Voice)	信息共享
自我发展 (Self－Development)			

资料来源：总结自相关研究。

3.4.2 满意对信息共享的影响

连锁体系中的加盟商面向终端消费者，在经营中会不断累积所在地区的市场信息和消费者信息，逐渐拥有自己的专有信息(Kalnins and Mayer, 2004; Windsperger, 2004)。这些信息有助于修正、完善连锁商已有的专有信息，有助于提升连锁商的信息质量，进而提升整个连锁体系的经营获利能力。伴随着加盟商收益的增加，它向连锁商转移的收益也会增加，故连锁商会通过诸如举办定期会面沙龙、开展不定期业务意见征询等多种活动来探寻加盟商的专有信息。

单个加盟商意识到连锁商信息质量的提高有利于"生产"出更好的产品或服务、有利于吸引到更多的终端消费者、有利于提高自身收益，让社会产生与连锁商共享自身专有信息的动机。然而，仅仅遵照显性契约的规定，加盟商并没有义务向连锁商传递这些信息。而且，鉴于信息可以成为单边权力的来源(Mohr and Sohi, 1995)，单个加盟商很可能对共享它们产生犹疑——连锁商信息质量提高会同时提升体系中所有加盟商的经营能力，但这可能恰会削减自身基于某些特定信息而生成的竞争力。不过，根据本书第2章第2、3节的论述，连锁商和加盟商会在长期接触中缔结起关系契约，形成一系列非正式的、隐性的规范契约；双方不是根据显性契约，而是主要依据对这些规范的理解来确定、履行自身义务，从而以社会交换的方式完成商业交换。换言之，源于契约规范的义务感会促使加盟商从事显性契约规定之外的行为。根据Greenberg(1980)的观点，加盟商从交换中所获得的经济满意和社会满意会使它觉得受到了连锁商的"恩惠"；为了消除或减轻这种受恩惠感，加盟商会采取行动回报连锁商。加盟商的总体满意感越强，就越可能会觉得仅仅依照显性契约向连锁商转移部分获益不足以完全回报连锁商，从而越会将连锁商共享信息的要求视为一个缓解受恩惠感的机会，积极地从事信息共享。

加盟商共享的信息不仅包括广度——数量，而且包括深度——容易被理解(Zahra et al., 2000; Perez-Nordtvedt et al.,

2008)。信息数量指的是加盟商在多大程度上向连锁商传递自身专有信息(Mohr and Spekman, 1994)。信息的易理解性指的是加盟商在多大程度上确保所传递信息能够被连锁商完全理解(Perez-Nordtvedt et al., 2008)。本书提出，加盟商的总体满意会同时影响它向连锁商所传递信息的广度和深度，具体表述可见研究假设H4a1、H4a2。

H4a1：加盟商越是对它与连锁商之间的交换感到满意，就越会充分地向连锁商传递自身的专有信息。

H4a2：加盟商越是对它与连锁商之间的交换感到满意，就越会努力确保传递出的专有信息能被连锁商完全理解。

3.4.3 满意对正向口碑的影响

在消费者行为学领域，口碑被界定为"消费者将他们对产品或服务的评价传播给他人的一种方式"(File et al., 1994)。它是消费者主动开展的、在私人之间进行的、非正式的信息传播(Kozinets et al., 2010)。早在研究初期，口碑就被认为是一种显著的社会力量(Kozinets et al., 2010)。随着研究的推进，口碑的重要性进一步得到了证实。它不仅会显著地影响潜在消费者在购买之前的信息搜寻工作(File et al., 1994)，还会极大地影响他们对于产品或服务的评估以及最终的购买决策(Sultan et al., 1990; Hen et al., 1991; John, 1994)。在服务营销中，口碑甚至被认为是"市场上的决定因素"(Mangold et al., 1999)。

口碑的重要作用很大程度上是因为它是一种自然发生的现象——消费者主动传递出他们对于产品或服务的体验和评价(Kozinets et al., 2010)。由于经私人渠道所获信息被认为更值得信任 (Murray, 1991)，因而口碑往往比商家的营销沟通更能影响潜在消费者的购买决策(Kozinets et al., 2010)。消费者传播出的产品、服务口碑，可以是正向的，也可以是负向的(Brown et al.,

2005)。正向口碑传播表现为向其他人介绍、推荐某种产品或服务，赞赏产品或服务的质量等，它会使其他潜在消费者受到吸引。负向口碑传播同样会使潜在消费者了解到某种产品或服务，但其作用与正向口碑传播正好相反。显然，商家希望消费者能够传播正向口碑。在连锁体系中，加盟商很可能会将它对于所属连锁商的评估传递出去，形成关于某个连锁商的加盟商口碑。如果连锁商的现有加盟商能够向外播出它的正向口碑，则可能会使更多潜在的加盟商选择它，进而为它带来更多收益。

消费者行为研究中的大量文献表明，满意的顾客倾向于进行正向口碑传播(Swan and Oliver, 1989; Reichheld and Sasser, 1990; Blodgett et al., 1993; Anderson, 1998; Reynolds and Beatty, 1999; Brown et al., 2005)。基于已有研究结果，本书提出了研究假设 H4b。

H4b:加盟商越是对它与连锁商之间的交换感到满意，就越有可能传递正向口碑。

3.4.4 满意对留存意愿的影响

在加盟期满之后，加盟商完全可以自主决定是否继续留在现有连锁体系中。加盟商的留存意愿体现了它在多大程度上愿意与现有连锁商而不是市场上的其他连锁商，来继续进行商业交换。组织行为学领域的研究显示:个体的工作满意，即个体从工作中获得的一种愉悦、正向的情感，会降低他们的自愿离职倾向(Tett and Meyer, 1993; Hellman, 1997; Egan et al., 2004; Coomber and Barriball, 2007)。换言之，个体从工作中感受到的情感满意会增加他们愿意留在组织中的倾向。加盟商在与连锁商进行长期交换的过程中，会进行社会互动，也很有可能会体验到情感满意。一些研究也表明，加盟商的情感满意会增强它在加盟期满后的留存意愿(Morrison, 1997; Chiou et al., 2004)。

组织行为学领域的研究还显示:对产品或服务绩效具有认知满意的消费者更倾向于对其进行重复购买(Anderson and Sullivan, 1993; Zeithaml et al., 1996; Bolton and Lemon, 1999)。对于组织而言,经济上的获益是其存在的根本目的;它们对于经济收益的认知满意无疑也会促使其继续与现有合作伙伴的交换。例如,实证研究表明:对经济收益越是满意,渠道成员越是愿意维持现有交换关系(Morgan and Hunt, 1994; Geyskens et al., 1999; Geyskens and Steenkamp, 2000)。

加盟商对与连锁商之间交换关系的总体满意同时涵盖了它对于经济收益的认知满意和对于社会互动的情感满意。结合以上论述,本书认为加盟商的总体满意感越强烈,它在加盟期满后继续留在现有连锁体系中的可能性就越大,它的留存意愿就越强。这构成了研究假设 H4c。

H4c:加盟商对它与连锁商之间交换的满意感越强,它的留存意愿就越强。

3.5 本章小结

本章在"终端提供物为无形服务的连锁体系"中,抽取了"自我披露"、"亲密"、"共生倾向",并将以这三个维度作为一阶因子来反映"商业友情"二阶因子。其中,"自我披露"维度针对的是连锁商所传递的专有信息的数量,反映的是加盟商认为连锁商积极地进行专有信息传递的程度。"亲密"维度反映的是加盟商在多大程度上认为连锁商通过信息传递在两者之间建立了密切的联系。"共生倾向"维度体现的是加盟商在多大程度上认可连锁商在信息传递中践行了互惠准则最关键的一个方面——连锁商将"使加盟商获得好收益"视为自身义务。

商业友情三维度可对不同关系规范进行反映——自我披露反

映了角色“诚实”，亲密反映了“团结”，共生倾向反映了“互惠”及“灵活性”。同时，它们与已有的一些研究变量在内涵上存在着重合——“自我披露”与“信息共享”类似，衡量“亲密”的两个指标与“参与”、“沟通质量”的内涵重合，“共生倾向”本身就可通过“善意”、“灵活”来体现。这种内涵上的重合有助于我们借鉴已有量表来设计商业友情维度的度量项目。

本章接下来探讨了商业友情对朋友形象的影响、朋友形象对满意的影响、满意对加盟商公民行为的影响，提出了 10 个研究假设(见表 3－5)，建立了描述“商业友情—朋友形象”转化及其对加盟商公民行为影响的概念模型(见图 3－2)。该模型是组织间交换关系维持框架的具体表征。

表 3－5　　研究假设列表

H1	自我披露、亲密、共生倾向作为三个不同维度，能够反映商业友情。
H2a	加盟商感受到的商业友情越多，则越有可能认为连锁商具有朋友形象。
H2b	加盟商感受到的商业友情越多，越愿意向连锁商呈现一个朋友形象。
H2c	加盟商越是认为连锁商具有朋友形象，则越愿意向连锁商呈现一个朋友形象。
H3a	加盟商越是将连锁商视为朋友，就越会对自身与连锁商之间的交换感到满意。
H3b	加盟商越是想要建立朋友形象，就越会对自身与连锁商之间的交换感到满意。
H4a1	加盟商越是对它与连锁商之间的交换感到满意，就越会充分地向连锁商传递自身的专有信息。
H4a2	加盟商越是对它与连锁商之间的交换感到满意，就越会努力确保传递出的专有信息能被连锁商完全理解。
H4b	加盟商越是对它与连锁商之间的交换感到满意，就越有可能传递正向口碑。
H4c	加盟商对它与连锁商之间交换的满意感越强，它的留存意愿就越强。

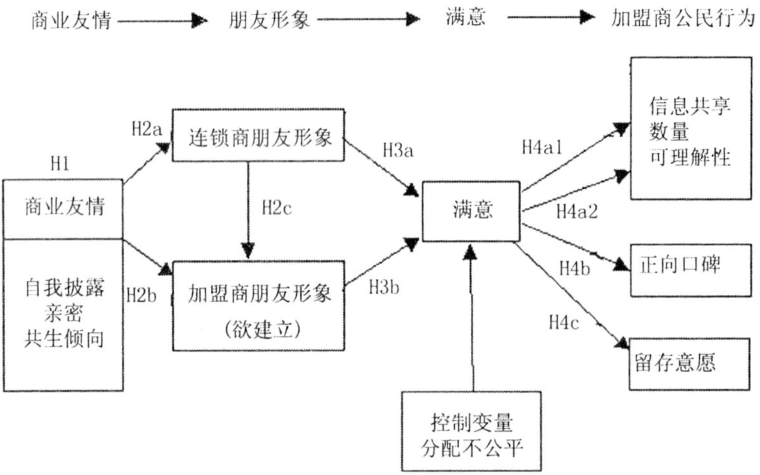

图 3-2 “商业友情—朋友形象”转化及其对加盟商公民行为影响的概念模型

第4章　研究方法

在第3章中,本书提出了描述“商业友情—朋友形象”转化及其对加盟商公民行为影响的概念模型,提出了与之相关的研究假设,在理论层面上完成了组织间交换关系维持框架的建立。这些假设是否成立直接决定着该框架在实证层面上是否可行、有效。本章将对检验这些假设的研究方法进行阐述。

本章将首先详细阐明实证数据的来源、收集实证数据的方法和过程,指出数据的来源和收集过程中能够保证所获数据是可靠的。本章还会参考已有文献,确定研究假设所涉及变量的度量项目。在此基础上,本章会构建两个假设检验模型:第一个是商业友情三维度作为一阶因子来反映“商业友情”二阶因子的模型,它用来检验假设H1;第二个是“商业友情”与其变量构成的模型,它用来检验H1之外的其他假设。其中,对第一个假设检验模型的分析只涉及度量模型,具体分析方法是结构方程建模法;对第二个假设检验模型的分析则同时涉及度量模型和结构模型,具体分析方法是偏最小二乘法。本章将报告第一个假设检验模型的度量模型分析结果、拟合优度结果,察看假设H1是否得到支持;关于第二个假设检验模型,本章只报告其度量模型分析结果。

4.1 研究情境及样本收集

4.1.1 研究情境

本书在第3.1节中提出将围绕着信息传递来提出组织间商业友情的维度，且将选取“围绕着信息传递所展开的组织间交换”为抽取商业友情维度的情境。在服务型连锁体系中，连锁商与加盟商之间的基本交换形态为：前者向后者提供无形信息，后者向前者支付费用。信息传递构成了连锁商与加盟商交换的核心，奠定了双方关系存在和存续的基础；连锁商的行为围绕着信息传递而展开，加盟商对其商业友情的感受将从信息传递中获得。服务型连锁体系——确切地，终端提供物为无形服务的连锁体系，是抽取商业友情维度的一个理想情境。

通过比对和选择，本研究选定了房地产中介连锁作为研究情境。在该情境中，连锁商仅向加盟商传递信息。具体而言，在加盟商筹备新店的过程中，连锁商会为它提供待选地址、办理手续等信息；在加盟商经营过程中，连锁商会向它提供各种一手房、二手房的房源信息，会对它进行人员管理、财务管理、业务发展等方面的指导，还会通过针对店长、员工等的技能培训向加盟店传递经营所需的知识和诀窍。借由这些信息，加盟商不仅得以进入市场，而且形成了向终端消费者提供房产中介服务的能力。在该情境中，连锁商的行为围绕着信息传递而展开，加盟商可能的商业友情感受也将从信息传递中获得。

进一步地，所选连锁体系还必须是商业型连锁。如果房地产中介连锁体系中的门店是由连锁商以外的其他法人开办和经营的，则它们是连锁商的加盟商，它们与连锁商之间构成了商业型连锁。如果这些门店是连锁商自己开办的，则它们是连锁商的直营店，它们与连锁商之间构成了传统连锁——连锁商持有品牌，直营店负责销售该品牌，为连锁商构建起了一个准纵向一体化的分销渠道。因此，某个房地产中介连锁体系要成为合格的研究情境，其门店中必须有相当数量的加盟店，不能全部或几乎全部都是自营店。

4.1.2 样本来源

本研究的样本来源于同一个房地产中介连锁体系——21 世纪不动产。鉴于本研究目的是为理论框架提供支持，且同一体系中的数据有助于避免内部不一致性问题的出现，故来源于单个体系的样本能够满足研究需要。

21 世纪不动产是全球最大的房产服务提供商之一，在全球 56 个国家和地区拥有近万家加盟店。它于 2000 年 3 月在中国大陆市场上开展业务，截至 2011 年 3 月，它在中国大陆的 32 个城市拥有加盟店；在企业规模和成交额两个指标上，它在正式运营的 90％的区域中都位于当地市场前三名；在加盟商数量这个指标上，它在整个中国大陆市场上位居前列。本研究选取了上海、杭州、天津、青岛、武汉 5 个最具有代表性的城市进行样本抽取。经过接洽，这 5 个城市的分部连锁商同意鼓励其加盟商参与本研究的调研。

遵循已有研究的惯例，本研究对连锁商和加盟商交换关系的评估以它们过去 12 个月的接触为基础。同时，访谈获悉连锁商、加盟商方面的负责人都比较认可经过约 6 个月的磨合，规范契约开始规制双方的行为。综合考虑，本研究要求参加调研的加盟商加入连锁体系的时间至少为 18 个月。截至本研究正式调研时，该连锁体系在中国大陆拥有 895 家签约加盟店，在上海等 5 个代表城市中的签约加盟店总数为 326 家，满足“加入连锁体系至少 18

个月"要求的有 274 家，其中的 83%(228 家)经接洽后同意参加调研。它们所在城市和数量分别为：上海 53，杭州 68，天津 25，青岛 42，武汉 40。

4.1.3 问卷作答者

在以组织为对象的调研中，问卷作答者必须要有足够的、可靠的知识来反映组织的行为，必须是"关键的"信息提供者(Kumar et al.，1992)。为了保证问卷作答者是"关键的"，本研究采用了两种方法。第一，采用"滚雪球"法(Kumar et al.，1992)，询问连锁商方面负责人通常与加盟商方面何种职位的人打交道、开展业务往来。根据反馈，这些职位包括店东、店长，或是分店经理。其中，如果加盟商只有一家门店，则此门店的投资人被称为"店东"，经店东雇佣、协助店东或几乎完全负责管理加盟店经营业务的人员是"店长"。如果加盟商拥有两家及以上的门店，则任一家加盟店经营业务主要负责人被称为"分店经理"。第二，对占据上述职位的潜在问卷作答者进行了资格检查(Kumar et al.，1992)。要求他们必须至少参与了 50%的与特许商接触的工作，且在填写问卷时已经为所在加盟店工作了至少 12 个月(本研究对加盟商与连锁商交换关系的评估是以它们过去 12 个月的接触为基础的)。资格检查出现在问卷的开始部分，以避免占据相应职位却没有足够可靠知识的人员来作答——例如，有的加盟商的店东很少参与店面的日常管理，而有些店长的工作时间不足 12 个月。

同时，本研究的调研单位是具体的门店，发放给每个加盟商的问卷数量是其符合经营时间要求的门店数量。故本研究还在问卷开始明确要求每人能且仅能填写 1 份问卷，以避免管理某个加盟商多家门店的经理重复作答多份问卷。上述措施可以尽量保证问卷作答者是合格的，进而确保调研所得数据是真实、可靠的。

在最终获得的 156 份有效问卷作答者中，根据职位划分，117

人供职于仅有 1 家门店的加盟商中，39 人在拥有 2 家及以上门店的加盟商的 1 家分店中工作。117 人占据的职位及对应人数分别为：店东之一兼店长，12 人；店东兼店长，51 人；店东之一，2 人；店东，2 人；店长之一，2 人；店长，48 人。39 人占据的职位及对应人数分别为：某分店的分店经理之一，3 人；某分店的分店经理，36 人。根据问卷作答者所参与的与连锁商接触工作比例划分，得到所参与工作比例及人数分别为：50%，49 人；51%～60%，18 人；61%～70%，18 人；71%～80%，33 人；81%～90%，28 人；91%～100%，10 人。在所有这些问卷作答者中，工作时间 12～18 个月的有 32 人，18～24 个月的有 48 人，24 个月以上的有 76 人。

4.1.4 问卷的发放和回收

本研究要求参加调研的加盟商加入连锁体系的时间至少为 18 个月，其中 6 个月的磨合期使规范契约开始规制双方的行为，接下来 12 个月的接触是加盟商评估它与连锁商交换关系的基础。访谈发现，实务界通常使用“过去 1 年”来框定时间范围，并在此基础上完成有关交换的记忆追溯。为了确保问卷作答者的记忆追溯真实反映加盟商与连锁商之间的交换，本研究于 2011 年 1 月 5 日开始正式调研。此时间节点可以使“过去 12 个月”这种表述切合问卷作答者倾向的“过去 1 年(2010 年)”这种时间范围框定。

本研究于 2010 年 8 月对上海市的加盟店进行了小范围的预调研，收回问卷 15 份。所得结果被用于确定正式调研问卷。鉴于预调研时间(2010 年 8 月)与正式调研时间(2011 年 1 月)之间 4 个月的间隔足以使问卷作答者不再清楚记得之前的选择，本研究在正式调研中未将参加过预调研的加盟店排除在外。

本研究将正式调研问卷制成了电子文档，通过电子邮件方式来进行问卷的发放和回收。为了提高问卷的填写率和返回率，本研究要求 5 个城市连锁商方面的负责人：(1)发放问卷；(2)在调研期间每个星期都在内部电子通信网络(例如 QQ 群)上发布督促填写的信息。负责人发放问卷并不断督促,固然可以提高问卷回收率,但也可能对加盟商造成某种压力,影响他们的真实作答。为了尽量促使加盟商真实作答,本研究还采取了三个措施:(1)问卷中不要求加盟商提供自己的门店名称,以打消加盟商可能的顾虑;(2)在问卷开始部分强调此次调研仅是为了研究,单个加盟商的问卷作答结果绝不会被提供给任何第三方,且任何形式的论文、报告(包括给连锁商的报告)中都只会出现处理后的加总结果;(3)加盟商方面填写好的问卷不是返回给连锁商,而是发送到本研究在问卷末尾提供的指定邮箱中。

所有调研问卷在 2011 年 1 月 5 日发出,回收时间截至 3 月 6 日。总计发出问卷 228 份,回收有效问卷 156 份,回收率为 68%,高于 20% 的可接受水平(Kumar et al., 1995; Johnson et al., 2004)。回收问卷占到 5 个代表性城市中满足调研要求加盟店总数(274 家)的 56.9%。具体各个城市的发出问卷数、回收有效问卷数、问卷回收率分别为:上海,发出 53 份,回收 32 份,回收率 60%;杭州,发出 68 份,回收 53 份,回收率 78%;天津,发出 25 份,回收 18 份,回收率 72%;青岛,发出 42 份,回收 28 份,回收率 67%;武汉,发出 40 份,回收 25 份,回收率 63%。

4.1.5 对未回应偏差的考察

得益于各城市连锁商方面负责人在调研期间的定期督促以及电子邮件方式的使用,本调研的问卷回收率相对较高。为了对可能存在的未回应偏差(Non - Response Bias)进行考察,本研究进行了早晚回收问卷之间的对比(Armstrong and Overton, 1977)。首先,本研究对各个城市最早及最晚收回的 20% 的问卷进行了比较(Grayson, 2007),一系列 T 检验的结果表明各个变量的回答在统计上不存在显著差异。接着,本研究又对所有问卷最早及最晚回收的 20% 进行了一系列 T 检验，结果依然显示各个变量的回答在统计意义上不存在显著差异。因此，未回应偏差在本研究中不构成问题。

4.2 研究变量的度量

4.2.1 商业友情维度及商业友情

根据第 3.1 节的论述，商业友情三个维度的内涵与已有的一些研究变量存在着重合。"自我披露"内涵与"信息共享"类似，"亲密"涉及的两个方面与"参与"及"沟通质量"的内涵重合，"共生倾向"更是本身就可通过"善意"及"灵活"来体现。基于这种内涵上的重合，本书通过调整已有相关变量的度量项目，来测量商业友情三个维度。具体地，"自我披露"的度量项目调整自 Kaufmann 和 Dant(1992)、Mohr 和 Speksman(1994)、Gundlach 等(1995)、Bond 等(2004)；"亲密"的度量项目调整自 Mohr 和 Speksman(1994)、Koza 和 Dant(2007)、Palmatier 等(2007)；"共生倾向"的度量项目调整自 Kaufmann 和 Dant(1992)、Doney 和 Cannon(1997)、Koza 和 Dant(2007)、Colquitt 等(2007)。

组织间商业友情的三个维度"自我披露"、"亲密"、"共生倾向"不仅可在个人友情维度中找到对应名称，且本书对其界定使它们依然保有了对应个人友情维度的特性要素。正如同个人友情维度反映了社会交往中的个人友情，它们反映了商业交换中的组织间友情。因此，本书将以"自我披露"、"亲密"、"共生倾向"作为一阶因子，来反映二阶因子"商业友情"。

4.2.2 连锁商朋友形象及加盟商朋友形象

根据第 2.1 节的论述，组织在交换中天然地扮演着"商人角色”，但同时又可能传递出“商业友情”，使对方感到它像个朋友一样行事；对方将根据自身感受在“商人”、“朋友”这两个形象之间来定位目标组织。具体到连锁体系中，加盟商一方面会认识到连锁商本质上是个商人，但同时又会因其表达出的商业友情而认为它在某种程度上具有朋友形象。

对此，本书借鉴 King 和 Miles(1994)测量公平敏感度(Equity Sensitivity)的方式来度量“连锁商朋友形象”。具体地，本书给予加盟商固定分值(10 分)，让它在“视连锁商为商人”和“视连锁商为朋友”这两个选项之间分配该固定分值。“连锁商朋友形象”将根据后者与前者的差值来度量——差值越大，加盟商越视连锁商为朋友；反之则反是。

对于“加盟商朋友形象”的度量，只将选项分别调整为“视自身为商人”和“视自身是朋友”。

4.2.3 分配不公平

按照 Adams(1966)和 Walster 等(1973)提出的公平理论(Equity Theory)，加盟商会将自身的(收益/付出比值)与连锁商的(收益/付出比值)进行比较，判断它们之间的收益分配是否公平。如果前者等于甚至大于后者，则加盟商不会认为分配不公平；如果前者小于后者，则加盟商会认为分配不公平。

本研究首先给予加盟商固定分值(10 分)，让它分别在加盟商投入与特许商投入之间，在加盟商收入与特许商收入之间分配该固定分值。此处的投入、收入就是付出、收益的具体表达。需要指出的是，每单位的投入与收入并不一定等同，如投入为 10X，收入为 10Y，但 X 并不一定等于 Y。不过，在最终的(加盟商收入 ÷ 投入)/(连锁商收入 ÷ 投入)结果中，X 与 Y 都将被约掉——$(3X \div 4Y)/(7X \div 6Y) = 9/14$。

进而，本研究从(加盟商收入 ÷ 投入)/(连锁商收入 ÷ 投入)得出一个比值。将此比值与1进行比较，如果比值≥1，则没有分配不公平；如果比值<1，则分配不公平。

最后，本研究用包含0、1两个值的哑变量来表征分配不公平。若没有分配不公平，则哑变量值为0；若有分配不公平，则哑变量值为1。

4.2.4 其他变量

"满意"的度量项目调整自Andaleeb(1996)、Chiou等(2004)；"信息共享(数量)"的度量项目调整自Bresman等(1999)、Sorenson和Soensen(2001)、Becerra等(2008)；"信息共享(可理解性)"的度量项目调整自Simonin(1999)；"口碑"的度量项目调整自Danaher和Rust(1996)；"留存意愿"的度量项目调整自Miller等(1979)、Morrison(1997)、Chiou等(2004)。

在上述12个变量中，"商业友情"是二阶因子，其他11个都是一阶因子。"商业友情"由"自我披露"、"亲密"、"共生倾向"三维度来度量。在11个一阶因子变量中，"连锁商朋友形象"、"加盟商朋友形象"、"分配不公平"、"口碑"这4个是通过单个项目来度量的，其他7个是通过多个项目来度量的；"连锁商朋友形象"、"加盟商朋友形象"、"分配不公平"这3个是间接度量的，其他8个是通过Likert五点量表直接度量的。

此外，在展开正式调研之前，本研究对21世纪不动产连锁商方面的负责人、不同城市加盟商的店长及分店经理等多位相关人员进行了访谈，从而判断所提出的变量是否切合经营实际情况，进一步甄选从文献中梳理出的各变量度量项目，调整度量项目的表达方式、措辞及语气。本研究还于2010年8月对21世纪不动产在上海市的加盟商进行了小范围的预调研，从收回的15份问卷中获得了问卷作答者的一些有价值的看法。基于上述工作，本研究最终确定了出现在正式问卷中的各变量度量项目，具体可见表4-1。

表 4－1　　　　研究变量的度量项目

变量	度量项目	来源 & 说明
自我披露	1. 特许商仅仅依据已有协议向我所在(或选定)加盟店提供信息。 2. 对于有助于我所在(或选定)加盟店经营的任何信息，特许商都会尽量提供。 3. 特许商并非自愿向我所在(或选定)的加盟店提供很多信息。 4. 特许商在向我所在(或选定)加盟店提供信息时，有所保留。 5. 对于向我所在(或选定)加盟店提供信息，特许商持一种开放的态度。 6. 特许商会向我所在(或选定)加盟店提供一些"整个行业发展、市场形势、竞争对手情况"等的可靠信息。 7. 特许商会与我所在(或选定)加盟店分享一些它的内部专有信息，如"特许商关于整个连锁体系发展战略的决策、新开加盟店的地址和数量"等。	1, 2, 3 调整来源于 Mohr 和 Speksman (1994) 2 调整来源于 Kaufmann 和 Dant (1992) 4, 5 调整来源于 Bond 等 (2004) 6, 7 调整来源于 Gundlach 等(1995) 3, 6, 7 在最终的度量模型中被剔除
亲密	1. 特许商鼓励我所在(或选定)加盟店提出意见。 2. 特许商积极寻求我所在(或选定)加盟店的观点、建议、推荐的方法等。 3. 对于我所在(或选定)加盟店的新想法和新建议，特许商能够很好地听取和接受。 4. 来自我所在(或选定)加盟店的好主意经常无法传递到特许商的管理实践之中。 5. 我所在(或选定)加盟店和特许商之间的沟通非常准确。 6. 我所在(或选定)加盟店和特许商能够很好地理解双方传递的信息。 7. 我所在(或选定)加盟店和特许商之间的沟通是有效率的。 8. 我所在(或选定)加盟店和特许商之间的沟通是足够的。	1 调整来源于 Mohr 和 Spekman (1994), Koza 和 Dant (2007) 2, 4 调整来源于 Mohr 和 Speksman (1994) 3 调整来源于 Koza 和 Dant (2007) 5, 6, 7, 8 调整来源于 Mohr 和 Speksman (1994), Palmatier 等(2007) 3, 4, 8 在最终的度量模型中被剔除
共生倾向	1. 特许商非常关心我所在(或选定)加盟店的整体利益。 2. 特许商非常重视我所在(或选定)加盟店的需要和要求。 3. 特许商非常留心那些对我所在(或选定)加盟店非常重要的东西。 4. 特许商在进行重要决策时，会如同考虑自身利益一般考虑我所在(或选定)加盟店的利益。 5. 特许商会不怕麻烦，尽力为我所在(或选定)加盟店提供帮助。 6. 一旦问题出现，特许商总会适时提供帮助给我所在(或选定)加盟店。 7. 即使我所在(或选定)加盟店面临的问题超出了合同规定的特许商义务范围，我所在(或选定)加盟店依然可以指望向特许商寻求帮助。 8. 当我所在(或选定)加盟店面临一些特殊的问题或/和环境时，特许商愿意做出一些调整来帮助我所在(或选定)加盟店。	1, 2, 3 调整来源于 Colquitt 等(2007) 4 调整来源于 Doney 和 Cannon(1997) 5 调整来源于 Colquitt 等(2007) 6 调整来源于 Koza 和 Dant (2007) 7, 8 调整来源于 Kaufmann 和 Dant (1992) 4, 5, 7 在最终的度量模型中被剔除

续表

变量	度量项目	来源 & 说明
连锁商朋友形象	1.对于我所在(或选定)加盟店而言,特许商更像是一个朋友。 2.对于我所在(或选定)加盟店而言,特许商更像是一个生意上的纯商业拍档。	在1、2之间分配10分,给予更多同意的题项更多分值(最多可达10), 较少同意的题项较少分值(最少可达0); 确保两个题项分值总和为10。 借鉴了King和Miles (1994)测量公平敏感度(Equity Sensitivity)的方式。
加盟商朋友形象	1.我所在(或选定)加盟店倾向于采取一种朋友般的方式来对待特许商。 2.我所在(或选定)加盟店倾向于采取一种“在商言商”的纯商业方式来对待特许商。	
满意	1. 对于我所在(或选定)加盟店当初选择目前特许商的决定,我感到恰当而且幸运。 2. 我所在(或选定)加盟店选择目前的特许商,是做了一个正确的决定。 3. 我所在(或选定)加盟店与特许商之间的关系是愉快的。 4. 总体而言,我很满意所在(或选定)加盟店与特许商之间的关系。	1, 3 调整来源于 Andaleeb (1996) 1, 2, 4 调整来源于 Chiou 等 (2004) 3 在最终的度量模型中被剔除
分配不公平	1. 特许商为我所在(或选定)加盟店经营做出的投入努力为( )分。 2. 我所在(或选定)加盟店为自身经营做出的投入努力为( )分。 1. 特许商从我所在(或选定)加盟店经营中获得的收入为( )分。 2. 我所在(或选定)加盟店从自身经营中获得的收入为( )分。	第一步,在1和2之间分配10分,给予更多同意的题项更多分值 (最多可达10),较少同意的题项较少分值(最少可达0);确保两个题项分值总和为10。 第二步,根据下面运算得出一个比值(加盟商收入÷投入)/(连锁商收入÷投入)。 第三步,将所得比值“哑变量”化,比值≥1,分配不公平,哑变量值=0;比值<1,分配不公平,哑变量值=1。
信息共享数量	1. 我所在(或选定)加盟店总是尽量完全地将当地市场信息提供给特许商。 2. 我所在(或选定)加盟商会主动向特许商传递当地市场信息。 3. 我所在(或选定)加盟店通常将与自身收益相关的当地市场信息传递给特许商。 4. 我所在(或选定)加盟店会向特许商传递一些当地市场信息,该信息与我所在(或选定)加盟店自身收益并不直接相关,但是有可能对于同一连锁体系中的其他加盟店或整个连锁体系有作用或帮助。	1 调整来源于 Becerra 等 (2008) 2 调整来源于 Bresman 等 (1999) 3, 4 调整来源于 Sorenson 和 Soensen (2001) 4 在最终的度量模型中被剔除

续表

变量	度量项目	来源 & 说明
信息共享可理解性	1. 我所在(或选定)加盟店向特许商传递的当地市场信息,容易被整理成书面表达形式。 2. 我所在(或选定)加盟店向特许商传递的当地市场信息,是相对清楚的、直接的,而不是隐含的、间接的。 3. 我所在(或选定)加盟店在传递当地市场信息时,尽量使特许商能够充分地理解和领会。	1,2,3 调整来源于 Simonin (1999)
口碑	若您有朋友想要加入您所在行业中的某一个连锁体系,您会建议朋友选择您目前特许商的。	调整来源于 Danaher 和 Rust (1996)
留存意愿	1. 我所在(或选定)加盟店很少考虑:在与现有连锁商目前的合同结束后,加入另一个连锁体系。 2. 在与现有连锁商目前的合同结束后,我所在(或选定)加盟商愿意仍然选择目前的连锁商。 3. 我所在(或选定)加盟店会留意、寻找其他连锁体系的相关信息。 4. 虽然我所在(或选定)加盟店会留意、寻找其他连锁体系的相关信息,但目前的连锁商依然是首选。	1, 2, 3 调整来源于 Morrison (1997) 2, 4 调整来源于 Chiou 等 (2004) 3 在最终的度量模型中被剔除

4.3 假设检验模型及其分析方法

本研究构建了两个假设检验模型:第一个是商业友情三维度作为一阶因子来反映"商业友情"二阶因子的模型,它包含 4 个变量;第二个是"商业友情"与其他 8 个变量构成的模型,它包含 9 个变量。第一个将用来检验第 3.1 节提出的研究假设 H1,第二个将用来检验第 3.2~3.4 节提出的其他 9 个研究假设(H2a、H2b、H2c, H3a、H3b, H4a1、H4a2、H4b、H4c)。根据需要,对第一个假设检验模型的分析只涉及度量模型,对第二个假设检验模型的分析则同时涉及度量模型和结构模型(度量模型体现的是变量及其度量项目之间的关系,结构模型体现的是变量之间的关系)。

本研究将采用结构方程建模方法(Structural Equation Modelling, SEM)来分析第一个假设检验模型。SEM 将多元回归和因子分析有机地结合在一起,可以同时处理度量模型和结构模型。

不同于探索性的分析技术(如探索性因子分析),该方法可用来确定一个特定模型是否合理(MacCallum and Austin, 2000),进而帮助发展理论(Musli et al.,1998)。鉴于该方法已经发展得比较成熟,且在社会科学领域内得到了广泛的应用,本书不再对其展开阐述。在第一个假设检验模型中,“自我披露”、“亲密”、“共生倾向”三个一阶因子反映了“商业友情”二阶因子,故本研究在此对 SEM 的应用实际上仅涉及度量模型分析——具体为二阶验证性因子分析。我们使用的具体软件为 Amos 18.0。

本研究将采用一种特殊的结构方程建模方法——偏最小二乘法(Partial Least Squares, PLS)来分析第二个假设检验模型。与 SEM 相同,PLS 也可以同时处理度量模型和结构模型(Chin, 1998)。但在变量分布假设和样本数量方面,PLS 要比 SEM 放松很多。第一,以协方差为基础的 SEM 在数据拟合时采用的是最大似然估计法,它要求变量服从独立同分布,而 PLS 对数据并没有强加这样的要求(Karim, 2009),且 PLS 还适用于变量分布不明确的情况(Fornell and Cha, 1994)。第二,在数据拟合过程中,PLS 每次只会对模型中的部分进行估计,它所需要的(样本量 / 参数)比值要比 SEM 的低(Chin, 1998; Fornell and Bookstein, 1982; Hulland, 1999)。具体地,PLS 的数据要求通常为:如果模型中有构成型变量(度量项目构成变量),最小样本数量应是包含最多度量项目的变量所拥有的度量项目数量的 10 倍;如果模型中只有反映型变量(度量项目反映变量),最小样本数量应是拥有最多指向路径的内生变量所拥有的指向路径数量的 10 倍(Barclay et al., 1995; Chin and Newsted, 1999)。对于 SEM, Bentler 和 Chou (1987)推荐的最小样本数量为:需要估计的参数(包括误差项和路径系数)个数的 5 倍(侯杰泰,温忠麟,成子娟,2004)。

本研究第二个假设检验模型中的 9 个变量都是反映型的。其中,“连锁商朋友形象”、“加盟商朋友形象”、“分配不公平”、“口碑”

4个变量是通过单个项目度量的;“商业友情”、“满意”、“信息共享(数量)”、“信息共享(可理解性)”、“留存意愿”5个变量是通过多个项目度量的,它们共有15个度量项目。①

这9个变量形成了10个路径,且“满意”拥有的指向路径数量最多,为3;“加盟商朋友形象”拥有的指向路径数量次之,为2;“商业友情”、“分配不公平”无指向路径;其他5个变量拥有的指向路径数量为1。这个假设检验模型包含的需要估计参数总计为58(9个变量,9个对应误差项;15个度量项目,15个对应误差项;10个路径)。按照上述标准,理论上30个(10×3)样本可达到PLS的最低数据要求,理论上290个(5×58)样本可达到Bentler和Chou(1987)推荐的SEM的最低数据要求。本研究共收集到的156个样本,采用PLS更加合适。我们使用的具体软件为Smart PLS 2.0(Ringle et al., 2005)。

4.4 度量模型分析结果

本研究的两个假设检验模型共涉及12个变量。除了“连锁商朋友形象”、“加盟商朋友形象”、“分配不公平”、“口碑”4个变量是通过单个项目来度量之外,其他8个变量都是通过多个项目来度量的。在进行度量模型分析之前,本研究首先对这8个变量展开了探索性因子分析。当因子分析结果显示从变量度量项目中得到了一个公共因子时,则保留因子载荷大于0.5的项目;当结果显示得到了多个因子时,则进行因子旋转并以其结果为参考剔除在不同因子上都有载荷的项目、剔除因子载荷小于0.4的项目,从而保

---

① “自我披露”、“亲密”、“共生倾向”的度量项目分别为4个、5个、5个;这三个变量作为一阶因子反映了“商业友情”二阶因子,所以“商业友情”的度量项目为3个;“满意”、“信息共享(数量)”、“信息共享(可理解性)”、“留存意愿”的度量项目分别为3个。

证从最终保留的项目中只能得到一个公共因子。在两个假设检验模型的具体分析中，又进一步根据相应标准剔除掉一些不符合标准的项目，确定各变量的度量项目。

由于两个模型涉及变量较多，且报告相关指标的表格中出现的变量皆为其英文名称的缩写，故本书提供了一个研究变量的中英文对照表格（见表4-2），以方便查阅。

表4-2　研究变量及其度量项目的中英文对照

	变量	变量对应英文(英文缩写)	度量项目英文缩写
有多个度量项目	商业友情	Commercial Friendship (CFr)	SDiscl, Clos, COr
	自我披露	Self-Disclosure (SDiscl)	SDiscl1, SDiscl2, SDiscl4, SDiscl5
	亲密	Closeness (Clos)	Clos1, Clos2, Clos5, Clos6, Clos7
	共生倾向	Communal Orientation (COr)	COr1, COr2, COr3, COr6, COr8
	满意	Satisfaction (Satisf)	Satisf1, Satisf2, Satisf4
	信息共享—数量	Information Sharing-quantity (ISquant)	ISquant1, ISquant2, ISquant3
	信息共享—可理解性	Information Sharing-comprehensibility (IScompr)	IScompr1, IScompr2, IScompr4
	留存意愿	Remain Intention (RI)	RI1, RI2, RI3, RI4
有一个度量项目	连锁商朋友形象	Friend Image of the Franchisor (FIFsor)	FIFsor
	加盟商朋友形象	Friend Image of the Franchisee (FIFsee)	FIFsee
	分配不公平	Distributive Unfairness (DUnf)	DUnf
	口碑	Word-of-Mouth (WOM)	WOM

说明：(1)“自我披露”、“亲密”、“共生倾向”三个一阶因子反映了“商业友情”二阶因子，被视为“商业友情”的度量项目；(2)变量度量项目的编号与表4-1中的一致，以便于查阅。

本研究的第一个假设检验模型是为了验证“商业友情”是由

"自我披露"、"亲密"、"共生倾向"三个一阶因子变量反映出的二阶因子变量,实现这个目的只需进行度量模型分析(具体为二阶验证性因子分析)。因此,第一个假设检验模型分析结果报告所涉及的实为度量模型分析结果。同时,任何一个模型——不论它仅涉及度量模型,还是同时包括度量模型和结构模型,只有在拟合程度满足要求的情况下,所输出的相关结果才是有效的,故拟合优度指标也应包含在结果报告中。第一个假设检验模型的度量模型分析结果、拟合优度指标将在本节中进行报告。

本研究的第二个假设检验模型是为了验证"商业友情"、"朋友形象(包括 2 个变量)"、"满意"以及"加盟商公民行为(包括 4 个变量)"之间的关系,实现这个目的需要关注结构模型的分析结果。鉴于度量模型分析是结构模型分析的前提,故本节也将对第二个假设检验模型的度量模型分析结果进行报告。而拟合优度指标、结构模型分析结果将在下一章进行假设检验时报告。

综上,本节涉及内容具体如下:

(一) 第一个假设检验模型的度量模型分析结果

对度量模型的评估一般基于三个方面的指标:信度、汇聚效度、区别效度(Wullenweber et al., 2008; Karim, 2009)。其中,(1)信度包括单个度量项目的信度和变量信度;对前者进行评估需要考量单个项目在所属变量上的因子载荷(Loading),对后者进行评估需要考量变量的 Cronbach's α 系数(Karim, 2009)。(2)如果某个变量的所有度量项目都是测度它的,则这些项目之间必须具有某种相似性。汇聚效度检验的就是理应相似的度量项目之间的相似程度,可以通过考量变量的平均抽取方差(Average Variance Extracted, AVE)对其进行评估。(3)理论上,单个度量项目只能测度其所属变量,而不能测度模型中的其他变量,即不同变量的度量项目之间必须具有区别性。区别效度检验的就是理应有所区别的度量项目之间的区别程度,可以通过交叉因子载荷(Cross-Loading)、平均抽取方差(AVE)对其进行评估(Chin, 1998; Fornell and Larcker, 1981)。具体地,如果度量项目在理应测度变量上的因子载荷大于它在其他变量上的因子载荷(即交叉因子载荷),则区别效度可以得到支持(Chin, 1998)。如果某个变量的平均抽取方差的平方根大于该变量与其他变量之间的相关系数,则意味着该变量与自身度量项目的共享方差大于它与其他变量度量项目的共享方差,进而表明该变量拥有一定的区别效度(Chin, 1998; Fornell and Larcker, 1981)。

本研究采用 Amos18.0 进行了验证性因子分析,得出了除交叉因子载荷以外的其他指标值。对于交叉因子载荷的计算,本研究采用了 Agarwal 和 Karahanna(2000)、Elbashir 等(2011)使用的方法。具体为:(1)根据验证性因子分析输出的因子得分权重值,计算出"自我披露"、"亲密"、"共生倾向"这三个变量的因子得分;(2)计算出不同度量项目与这三个因子得分之间的相关系数,它们就是不同度量项目的交叉因子载荷。

表 4-3 报告了"自我披露"、"亲密"、"共生倾向"三个变量的 Cronbach's α 系数、平均抽取方差及其平方根,各自度量项目的均值(Mean)、方差(Standard Deviation, SD)、因子载荷。根据结果,所有度量项目的因子载荷都在 0.7 以上,远远大于 0.4 的要求(Fornell and Larker, 1981),三个变量的 Cronbach's α 系数都在 0.9 以上,超过了可接受标准 0.7(Fornell and Larker, 1981)。这表明此度量模型拥有好的信度。同时,三个变量的平均抽样方差分别达到了 0.812、0.756、0.769,远远超过了 Fornell 和 Larker(1981)所推荐的 50%的标准,保证了度量项目的汇聚效度。

表 4-4 还报告了三个变量间的相关系数、各自度量项目的交叉因子载荷。根据结果,三个变量平均抽取方差的平方根均大于它们与其他变量之间的相关系数,且每个度量项目在理应测度变

量上的因子载荷大于它的交叉因子载荷。这表明变量及其度量项目的区别效度都满足要求。

表 4-3 (第1个模型)变量 Cronbach's α、AVE(平方根),度量项目 Mean、SD、Loading

变量 度量项目	Cronbach's α	AVE(平方根)	Mean	SD	Loading
SDiscl	0.945	0.812(0.901)			
SDiscl 1			2.449	0.512	0.876
SDiscl 2			3.596	0.679	0.887
SDiscl 4			3.327	0.959	0.925
SDiscl 5			3.333	0.853	0.916
Clos	0.939	0.756(0.870)			
Clos 1			3.596	0.928	0.911
Clos 2			3.006	0.667	0.740
Clos 5			3.577	0.873	0.917
Clos 6			3.628	0.867	0.929
Clos 7			3.865	0.496	0.836
COr	0.943	0.769(0.877)			
COr 1			3.199	0.799	0.916
COr 2			3.186	0.878	0.923
COr 3			3.250	0.892	0.936
COr 6			3.506	0.686	0.744
COr 8			3.051	0.958	0.853

表 4-4　(第 1 个模型)变量间相关系数,度量项目因子载荷、交叉因子载荷

		SDiscl	Clos	COr
变量间相关系数	SDiscl	1.000		
	Clos	0.654	1.000	
	COr	0.879	0.797	1.000
度量项目因子载荷、交叉因子载荷(见表 4-3)	SDiscl 1	0.876	0.490	0.710
	SDiscl 2	0.887	0.537	0.820
	SDiscl 4	0.925	0.509	0.766
	SDiscl 5	0.916	0.827	0.908
	Clos 1	0.610	0.911	0.774
	Clos 2	0.610	0.740	0.647
	Clos 5	0.660	0.917	0.771
	Clos 6	0.610	0.929	0.743
	Clos 7	0.540	0.836	0.696
	COr 1	0.842	0.802	0.916
	COr 2	0.820	0.787	0.923
	COr 3	0.822	0.780	0.936
	COr 6	0.740	0.508	0.744
	COr 8	0.727	0.541	0.853

(二) 第一个假设检验模型的拟合优度结果

在检验“自我披露”、“亲密”、“共生倾向”反映“商业友情”的二阶验证性因子模型时，本研究采取了如下指标来衡量模型的拟合优度(侯杰泰、温忠麟、成子娟，2004)。它们分别为：

χ^2(Minimum Fit Function Chi－Square)。只有在样本数量足够大时才可作为评价整体拟合优度的指标，且单独的 χ^2 不能说明任何问题，至少应该与 Df(Degree of freedoms)自由度联系在一起才具备评价作用。χ^2/Df 是一个主观的整体拟合优度指标，一般当 χ^2/Df比值在2.0到5.0之间时，可以接受模型；若比值大于5.0，表明模型整体比较差；若比值大于10.0，表明模型非常差。

GFI(Goodness－of－Fit Index)，是拟合优度指数的一种，使用得比较多。其值在 0～1 之间，越接近 1，表明模型拟合优度越好。

NFI(Normed Fit Index)，是 Bertler 和 Bonett(1980)提出的。其值在 0～1 之间，值为 1 时对应最好拟合，为 0 时对应最差拟合。

CFI (Comparative Fit Index)，是 Bentler(1990)构建的拟合优度指标，主要反映要验证的模型与完全被约束的模型之间的相对合适度。其值在 0～1 之间，越接近 1，表明模型拟合优度越好。

RMSEA (Root Mean Square Error of Approximation)，受样本大小的影响相对较小。Steiger (1990)认为，RMSEA 低于 0.1，表示好的拟合；低于 0.05，表示非常好的拟合；低于 0.01，表示非常出色的拟合。一般认为，如果 RMSEA 在 0.08 以下 (越小越好)，则模型拟合较好。

本研究二阶验证性因子模型的拟合指标值具体为：χ^2，293；Df，74；χ^2/Df，3.96；P 值，0.10；GFI 值，0.87；NFI 值，0.95；CFI 值，0.89；RMSEA 值，0.076。除了 RMSEA 值小于 0.08，其余三个指标都接近于 1。总体上可认为该二阶验证性因子模型具有较好的拟合优度。

此结果支持将“商业友情”视为“自我披露”、“亲密”、“共生倾向”作为三个一阶因子所反映的二阶因子，即研究假设 H1 得到了支持。

在此基础上，本研究将展开对于第二个假设检验模型的分析。

在分析过程中，会将“自我披露”、“亲密”、“共生倾向”视为“商业友情”的度量项目。

（三）第二个假设检验模型的度量模型分析结果

对第二个假设检验模型的度量模型评估依然从信度、汇聚效度、区别效度三个方面展开。所采用的具体指标同样为：(1)信度包括单个度量项目的信度、变量信度，将通过单个项目在所属变量上的因子载荷(Loading)、变量的 Cronbach's α 系数分别对其评估。(2)通过变量的平均抽取方差(Average Variance Extracted, AVE)来考量汇聚效度。(3)通过度量项目的交叉因子载荷(Cross - Loading)、变量的平均抽取方差(AVE)评估它们的区别效度。

采用 Smart PLS 2.0 软件中的 PLS 分析，直接得到了上述指标值，具体如表 4－5、表 4－6 所示。

表 4－5　(第 2 个模型)变量 Cronbach's α、AVE(平方根)，度量项目 Mean、SD、Loading

变量 度量项目	Cronbach's α	AVE(平方根)	Mean	SD	Loading
CFr	.952	.871 (.933)			
SDiscl			3.336	.826	.944
Clos			3.503	.706	.909
COr			3.238	.793	.946
Satisf	.897	.747 (.864)			
Satisf 1			3.820	.514	.937
Satisf 2			4.050	.356	.707
Satisf 4			3.850	.547	.929
ISquant	.938	.834 (.913)			
ISquant 1			3.030	1.059	.945
ISquant 2			3.060	1.145	.901

续表

变量 度量项目	Cronbach's α	AVE(平方根)	Mean	SD	Loading
ISquant 3			3.080	1.161	.893
IScompr	.920	.792 (.890)			
IScompr 1			2.290	.662	.907
IScompr 2			2.270	.703	.884
IScompr 3			2.240	.701	.879
RI	.898	.747 (.864)			
RI 1			3.970	.264	.846
RI 2			4.010	.341	.899
RI 4			4.020	.350	.847
FIFsor			-1.490	.947	
FIFsee			-1.400	.941	
DUnf			.250	.434	
WOM			3.860	.526	

说明:CFr, Satisf, ISquant, IScompr, RI 5 个变量有多个度量项目,FIF-sor, FIFsee, DUnf, WOM 4 个变量有 1 个度量项目。

表 4-6　(第 2 个模型)变量间相关系数,度量项目因子载荷、交叉因子载荷

CFr		Satisf	IS-quant	IS-compr	RI	FIF-sor	FIF-see	DUnf	WOM	
变量间相关系数	CFr	1.000								
	Satisf	.748	1.000							
	ISquant	.182	-.134	1.000						
	IScompr	.874	.591	.122	1.000					
	RI	.316	.437	-.232	.364	1.000				
	FIFsor	.787	.604	.213	.673	.179	1.000			
	FIFsee	.756	.562	.214	.665	.130	.780	1.000		
	DUnf	-.676	-.571	-.193	-.401	-.125	-.565	-.529	1.000	
	WOM	.788	.797	-.070	.543	.295	.664	.590	-.692	1.000

续表

CFr		Satisf	IS-quant	IS-compr	RI	FIF-sor	FIF-see	DUnf	WOM	
度量项目因子载荷、交叉因子载荷	SDiscl	.944	.604	.369	.901	.213	.775	.752	-.588	.659
	Clos	.909	.799	.097	.628	.309	.736	.693	-.781	.861
	COr	.946	.696	.024	.909	.371	.687	.667	-.519	.687
	Satisf 1	.769	.937	-.036	.557	.381	.628	.585	-.636	.812
	Satisf 2	.316	.707	-.340	.393	.463	.209	.196	-.084	.349
	Satisf 4	.770	.929	-.089	.584	.370	.640	.595	-.625	.822
	ISquant 1	.187	-.128	.945	.141	-.202	.215	.216	-.163	-.068
	ISquant 2	.196	-.130	.901	.137	-.205	.208	.202	-.222	-.036
	ISquant 3	.144	-.130	.893	.074	-.264	.195	.202	-.175	-.101
	IScompr 1	.858	.581	.157	.907	.352	.653	.648	-.407	.521
	IScompr 2	.859	.593	.105	.884	.336	.677	.670	-.408	.550
	IScompr 3	.861	.575	.099	.879	.389	.662	.648	-.371	.535
	RI 1	.192	.354	-.123	.217	.846	.092	.052	-.098	.199
	RI 2	.312	.418	-.262	.359	.899	.200	.157	-.109	.298
	RI 4	.308	.357	-.206	.360	.847	.165	.121	-.117	.260
	FIFsor	.787	.604	.214	.674	.179	1.000			
	FIFsee	.756	.563	.214	.665	.130	.780	1.000		
	DUnf	-.676	-.571	-.193	-.401	-.125	-.565	-.529	1.000	
	WOM	.788	.797	-.071	.544	.295	.664	.590	-.692	1.000

由表 4-5 可见所有度量项目的因子载荷都在 0.7 以上，远远大于 0.4 的要求，所有变量的 Cronbach's α 系数都在 0.9 以上，超过了可接受标准 0.7。这显示此度量模型拥有好的信度。同时，拥有多个度量项目的五个变量的平均抽样方差分别达到了 0.871、0.747、0.834、0.792、0.747，远远超过了 Fornell 和 Larker (1981)所推荐的 50%的标准，保证了度量项目的汇聚效度。

由表 4-6，五个变量平均抽取方差的平方根均大于它们与其他变量之间的相关系数，且每个度量项目在理应测度变量上的因子载荷也都大于它的交叉因子载荷。这表明变量及其度量项目的区别效度都满足要求。

4.5 本章小结

本章的主要目的有两个:第一,指出数据的来源和收集过程中能够保证所获数据是可靠的,此目的通过阐明实证数据的来源、收集实证数据的方法和过程予以实现。第二,为得到研究假设检验结果做准备。这包括确定了研究假设所涉及变量的度量项目,构建了两个假设检验模型并对它们分别展开分析。

第一个模型的度量模型分析结果以及拟合优度结果表明假设H1成立,即可以采用"自我披露"、"亲密"、"共生倾向"这三个一阶因子来度量二阶因子"商业友情"。第二个模型的度量模型分析结果表明相关变量的信度、汇聚效度、区别效度满足要求,表明可以依据它们对除H1之外的其他假设进行检验。至此,对其他假设进行检验的准备工作完成。

第 5 章　研究结果

在第 4 章的基础上，本章将对 H1 之外的其他假设的检验结果进行报告。首先，对可能存在的共同方法方差问题进行了检查，排除了它对检验结果的影响。接着，将报告相关假设的检验结果，并据此来查看本书提出的组织间交换关系维持框架在实证层面上是否可行、有效。最后，将对包括 H1 在内的所有假设的检验结果进行分析，以揭示“商业友情—朋友形象”转化发生作用的路径。

5.1　对共同方法方差的检查

共同方法方差(Common Method Variance)是由变量的测量方法，而不是由所要测量的变量本身产生的(Bagozzi and Yi, 1991; Podsakoff et al., 2003)。共同方法方差会引起系统性测量误差，并可能进一步误导结果或结论(Campbell and Fiske, 1959; Bagozzi and Yi, 1991)。采用相同或高度相关的方法来测量变量，通常会使观察到的变量间相关程度高于真实水平(Bagozzi and Yi, 1991)。在以自我报告方式展开的横截面调研中，共同方法方差问题应被重视(Spector, 2006)。本研究以加盟商自我报告展开调研，获得的是横截面数据，很有可能面临共同方法方差问题。

共同方法方差的产生缘于单一方法的使用，解决此问题的一个有效手段就是增加数据获取的方法(Podsakoff et al., 2003; Spector, 2006)。术语“方法”指的是测量形式，具体包括度量项目内容、量表形式、回答方式等(Bagozzi and Yi, 1991)。本研究用到了两种不同方法:一种方法是 Likert 量表,它被用来对大多数变量进行直接测量;另一种是对“连锁商朋友形象”、“加盟商朋友形象”、“分配不公平”这三个变量进行间接测量——调研对象给出原始打分,本研究通过处理原始打分来度量它们。相比于单一方法,这两种方法的使用有助于避免共同方法方差。

进一步地,本研究还采用 Harmon 的单因素检验方法(One Factor Test)来检查所获数据是否存在着明显的共同方法方差问题。该方法是不同领域内的学者在处理此问题时最青睐的手段之一(Podsakoff et al., 2003)。它要求对所有变量的度量项目进行因子分析,如果绝大多数的方差能被单个因子所解释,则说明不同度量项目的相关是共同方法作用的结果(Igbaria et al., 1997; Podsakoff et al., 2003)。我们对第二个假设检验模型所涉及的 9 个变量的所有度量项目展开了因子分析,结果得到了 4 个主成分,它们的方差解释比例为 82.03%。这表明共同方法方差在本研究中不成为问题。

5.2 假设检验结果

本研究构建了两个假设检验模型:第一个是商业友情三维度作为一阶因子来反映“商业友情”二阶因子的模型,用来检验第 3.1 节提出的研究假设 H1;第二个是“商业友情”与其他 8 个变量构成的模型用来检验第 3.2~3.4 节提出的其他 9 个研究假设(H2a、H2b、H2c, H3a、H3b, H4a1、H4a2、H4b、H4c)。本书第 4.3 节对第一个假设检验模型的度量模型进行了分析,结果支持将“商业友情”视为“自我披露”、“亲密”、“共生倾向”作为三个一阶因子所反映出的二阶因子,即研究假设 H1 得到了支持。第 4.3 节也对第二个假设检验模型的度量模型进行了分析,本书将在此基础上分析其结构模型,检验除 H1 之外的 9 个假设。

要保证结构模型分析结果是有效的,还需要在模型拟合程度方面达到要求。故本节将同时报告第二个假设检验模型的拟合优度指标、结构模型分析结果。

关于拟合优度指标,偏最小二乘法不报告类似 CFI、GFI 等拟合优度指标;它报告的是 R^2、f^2 两个指标。R^2 体现了模型中内生变量方差被解释的比例、f^2 反映了变量预测作用的大小(Cohen, 1988; Karim, 2009)。R^2 由软件直接输出;它的三个值 0.19、0.33、0.67 可被分别视为小、中、大(Chin, 1998)。f^2 不由软件直接输出,需要通过公式 $f^2=(R^2\text{incl}-R^2\text{excl})/(1-R^2\text{incl})$ 计算得出。f^2 的三个值 0.02、0.15、0.35 可被分别视为小、中、大(Chin, 1998)。关于结构模型分析结果,偏最小二乘法会报告变量间的路径系数、体现路径系数统计显著性的 T 值。T 绝对值大于 2,则相应路径系数在统计上显著、路径对应假设得到支持;否则,路径对应假设无法得到支持。采用 Smart PLS 2.0 软件进行分析,直接得到了 9 个研究假设(H2a、H2b、H2c, H3a、H3b, H4a1、H4a2、H4b、H4c)所涉及变量的 R^2incl、R^2excl 值、变量间路径系数、路径系数的 T 值。本研究又通过公式 $f^2=(R^2\text{incl}-R^2\text{excl})/(1-R^2\text{incl})$ 计算出了 f^2 值。表 5-1 对它们进行了报告。需要指出的是,R^2incl、R^2excl 值是针对内生变量而言的,R^2incl 是某变量直接指向的内生变量的方差被解释比例,R^2excl 是在某变量被取掉后,它之前指向的内生变量目前的方差被解释比例;f^2 是针对内生变量的指向变量而言的。以路径"商业友情→连锁商朋友形象(CFr → FIFsor)"为例,若有 CFr,内生变量 FIFsor 的方差被解释比例为 0.619(R^2incl 为 0.619);若去掉 CFr,FIFsor 的方差被解释比例降为 0(R^2excl 为 0),CFr 对 FIFsor 的预测作用为 0.62(f^2 为 0.62)。

在表 5-1 中,除 ISquant 的 R^2incl 值为 0.018 之外,其他内生变量中 FIFsor、FIFsee、Satisf、WOM、RI 的 R^2incl 值都在 0.4 以

上，IScompr 的 R^2incl 值也可被视为 0.4(0.397)，表明它们得到了较好的解释。同时，除路径“满意→信息共享—数量(Satisf→ISquant)”中的 Satisf 之外，其他路径中内生变量指向变量的 f^2 值都在 0.15 以上，表明它们有较强的解释力。

在表 5-1 中，除假设 H4a1 对应的 T 值小于 2 之外，其余假设的 T 值均大于 2。由此，除 H4a1 之外，本书所提出的其他假设均得到了支持。

表 5-1　　假设检验结果

假设	假设对应路径（直接效应）	路径系数	T	R^2incl	R^2excl	f^2
H2a	商业友情→连锁商朋友形象(CFr→FIFsor)	0.7868	18.0063	.619	.000	.62
H2b	商业友情→加盟商朋友形象(CFr→FIFsee)	0.3737	3.4323	.662	.513	.31
H2c	连锁商朋友形象→加盟商朋友形象(FIFsor→FIFsee)	0.4861	4.1974	.662	.525	.29
H3a	连锁商朋友形象→满意(FIFsor→Satisf)	0.2977	3.2116	.452	.257	.17
H3b	加盟商朋友形象→满意(FIFsee→Satisf)	0.1625	2.1803	.452	.242	.18
H4a1	满意→信息共享—数量(Satisf→ISquant)	-0.1343	1.5782	.018	.000	.00
H4a2	满意→信息共享—可理解性(Satisf→IScompr)	0.5914	12.3088	.397	.000	.19
H4b	满意→口碑(Satisf→WOM)	0.797	14.2414	.635	.000	.67
H4c	满意→留存意愿(Satisf→RI)	0.4373	4.7787	.405	.000	.20
控制变量	分配不公平→满意(DUnf→Satisf)	-0.3173	2.6499	.452	.281	.16

从表 5-1 中我们可获悉假设对应路径中指向变量的直接效应，却无法获悉其间接效应、完全效应。比如，“商业友情→加盟商朋友形象（CFr→FIFsee）”的直接效应为0.3737（路径系数为0.3737），但“商业友情”通过“连锁商朋友形象”对“加盟商朋友形象”的间接效应、它对“加盟商朋友形象”的完全效应却无从可知。同样地，“连锁商朋友形象→满意（FIFsor →Satisf）”的直接效应为0.2977，但“连锁商朋友形象”通过“加盟商朋友形象”对“满意”的间接效应、它对“满意”的完全效应也不知晓。

为了能对假设检验结果展开深入分析，本书对“商业友情”、“连锁商朋友形象”在其他路径中的完全效应进行了报告，具体见表 5-2。结合表 5-1、表 5-2 可以计算得出：“商业友情”通过“连锁商朋友形象”对“加盟商朋友形象”的间接效应为0.3825（0.7562-0.3737），“连锁商朋友形象”通过“加盟商朋友形象”对“满意”的间接效应为 0.079（0.3767-0.2977）。

进一步地，结合表 5-1 中假设 H2a、H2b 对应的路径系数，我们还可以通过表 5-2 得到“商业友情”在所有变量上的完全效应。比如，“商业友情”在“连锁商朋友形象”、“满意”、“口碑”上的完全效应分别为 0.7868、0.3571、0.2846。

表 5-2　　“商业友情”、“连锁商朋友形象”的完全效应

其他路径（完全效应）		路径系数	T	R^2incl	R^2excl	f^2
商业友情（CFr）	→加盟商朋友形象（FIFsee）	0.7562	16.521	.662	.000	.78
	→满意（Satisf）	0.3571	3.3188	.452	.000	.26
	→信息共享—数量（ISquant）	-0.048	1.3292	.018	.000	.00
	→信息共享—可理解性（IScompr）	0.2112	2.9929	.397	.000	.19
	→口碑（WOM）	0.2846	3.2711	.635	.000	68
	→留存意愿（RI）	0.1562	3.1438	.405	.000	.20
连锁商朋友形象（FIFsor）	→满意（Satisf）	0.3767	3.6452	.452	.257	.17

5.3 假设检验结果分析

5.3.1 商业友情维度构成

本书选择了“自我披露”、“亲密”、“共生倾向”这三个维度来表征组织间的“商业友情”。“自我披露”针对的是连锁商所传递的专有信息的数量，反映的是加盟商认为连锁商积极地进行专有信息传递的程度。“亲密”反映的是加盟商在多大程度上认为连锁商通过信息传递在两者之间建立了密切的联系。“共生倾向”体现的是加盟商在多大程度上认可连锁商在信息传递中践行了互惠准则最关键的一个方面——连锁商将“使加盟商获得好收益”视为自身义务。

为了考察这三个维度是否能够反映商业友情，本研究构建了一个以它们为一阶因子、以商业友情为二阶因子的假设检验模型（第4.4节中的第一个假设检验模型）。该假设检验模型的度量模型分析结果、拟合优度结果支持将商业友情视为由三个一阶因子所构成的二阶因子（详见第4.4节中的表4-3、表4-4、表4-5）。鉴于本研究不是以“自我披露”、“亲密”、“共生倾向”三个维度来构成“商业友情”、框定它的含义，而是先在理论上提出了组织间“商业友情”的概念，赋予了“商业友情”的含义，进而用上述三维度来反映其含义。因此，如果三个维度作为一阶因子能很好地反映商业友情二阶因子，则意味着研究假设 H1 得到了支持。

在长期的交换中，组织为了减少经济收益风险，获得长期稳定的经济收益保障，有动机传递友情、强化双方关联。在营销研究领域，以“友情”来描述组织间关系的文献虽已开始出现（Johnson and Selnes, 2004; Heide and Wathne, 2006），但有关组织间友情的论述尚停留在概念层面上。本书在商业友情操作化方面展开的探索有助于对它的进一步研究。

而且，商业友情维度反映了交换双方的不同关系契约规范：自我披露反映了角色“诚实”，亲密反映了“团结”，共生倾向反映了“互惠”及“灵活性”。关系契约规范是对“出现在各种契约中的不同的、特有的规范的一个概括”（MacNeil, 1983）；在不同的交换关系中，不同规范的重要性会发生变化。因此，在不同的情境下、在不同的行业中，对商业友情维度进行补充是完全可行的。由此，本研究提出的商业友情维度不仅是对商业友情的一种操作化，更传达了一种对商业友情进行操作化的思路。

5.3.2 商业友情对朋友形象的影响

（一）“（连锁商）商业友情”到“（连锁商）朋友形象”的转化

本章报告了第二个假设检验模型的拟合优度指标、结构模型分析结果。结果支持研究假设 H2a：加盟商感受到的商业友情越多，则越有可能认为连锁商具有朋友形象（路径系数 = 0.7868, $T = 18.0063$）。

本书指出，组织从“主我”角度界定的“朋友角色”是自封的、外界无法获悉的；外界只能从“宾我”角度界定出“朋友形象”。在交换中，欲建立起“朋友形象”的组织会展开行动，使对方感到自己像个朋友；而对方是否认可、在多大程度上认可该组织的朋友形象，依赖于它对其行动的主观感受和评价。理论上，对方越是认为该组织像朋友般行事，就越会认可其朋友形象。这种由组织通过行动所展示出的、被对方所接收到的朋友式的行事风格，就是本研究所指的“商业友情”。研究假设 H2a 得到支持，显示加盟商在交换中会根据感知到的连锁商友情来判断连锁商是否具备“朋友形象”，且连锁商具备“朋友形象”的可能性随着它感受到的友情强度而增加。这表明“商业友情—朋友形象”的转化在实践中是发生着的，从“宾我”的角度来界定组织是可行的。

（二）“（连锁商）商业友情”对“（加盟商）朋友形象”的促进

如同研究假设 H2b 所指出的那样，实证检验结果表明加盟商感受到的商业友情越多，越愿意向连锁商呈现一个朋友形象（路径系数 = 0.3737，$T = 3.4323$）。

连锁商的友情传递之所以能促使加盟商从事自身朋友形象的塑造，很大程度上是因为双方在长期交换中所形成的关系规范的作用。关系规范（主要是规范契约），确定了双方应该遵守的非正式的、隐性的行为准则，框定了双方应尽的义务。这种不受法律约束的义务之所以能够在交换中得到履行，“互惠”原则的作用是关键。互惠要求任何一方都有义务去偿还从对方所获之收益，要求互相依赖的双方履行各自应尽的义务（Uehara，1995）。因此，在感受到连锁商的商业友情之后，加盟商会想要对此进行回报，会有意愿也向对方传递出友情、塑造出一个朋友形象。

由此，（目标组织）商业友情在有助（目标组织）形象塑造之外，还能对（对方）行为、（对方）欲建立形象产生影响。这促使我们从一个更加全面的视角来看待商业友情在交换中的作用。

（三）“（连锁商）朋友形象”对“（加盟商）朋友形象”的作用

研究假设 H2c 提出：加盟商越是认为连锁商具有朋友形象，则越愿意向连锁商呈现一个朋友形象。实证检验结果支持该假设（路径系数 = 0.4861，$T = 4.1974$）。

该假设成立同样被认为是“互惠”的作用——加盟商对连锁商形象的评估也会影响它对自身欲建立形象的看法。而对比“商业友情”、“（连锁商）朋友形象”对“（加盟商）朋友形象”的影响，发现后者的影响大于前者（路径系数 0.4861 > 0.3737）。这是一个非常有意思的结果，它似乎意味着加盟商倾向于通过“对等”来诠释“互惠”。

5.3.3 朋友形象对满意的影响

（一）“（连锁商）朋友形象”对（加盟商）满意的影响

研究假设H3a认为，加盟商越是将连锁商视为朋友，就越会对自身与连锁商之间的交换感到满意。该论断得到了实证检验结果的支持（路径系数 = 0.2977，$T = 3.2116$）。

对于这个结果，本研究认为它是理所当然的。加盟商越是认为连锁商具有朋友形象，则意味着加盟商对连锁商商业友情、对其商业友情的不同维度越被认可。首先，商业友情维度针对的是信息传递的结果，加盟商对“自我披露”维度的认同意味着它认为连锁商传递的信息数量充分；对“亲密”维度的认可意味着它认为连锁商传递的信息质量可靠，即信息准确、及时可靠、易被理解。加盟商从连锁商处所获得的信息越充分、质量越高，它在此基础上转化的为终端消费者提供服务的能力就可能越强，它赢得更多消费者、获得更多收益的可能性就越大。进而，加盟商所获经济收益超过自身预期的可能性就越大，加盟商针对经济收益产生认知满意的可能性就越大。同时，商业友情维度还针对信息传递的过程，加盟商对“亲密”维度的认同还意味着它感觉到连锁商积极寻求自身的反馈，对“共生倾向”维度的认同意味着它感受到连锁商能够替自己考虑、愿意灵活地为自己提供帮助。这会促使加盟商产生某种正向情感，进而引发社会满意。经济满意和社会关系满意构成了本研究所界定的总体满意，因而加盟商越是将连锁商视为朋友，就越可能对它们之间的商业交换感到满意。

（二）“（加盟商）朋友形象”对（加盟商）满意的影响

实证检验结果还支持研究假设 H3b：加盟商越是想要建立朋友形象，就越会对自身与连锁商之间的交换感到满意（路径系数 = 0.1625，$T=2.1803$）。

本书认为加盟商欲建立朋友形象之所以能够影响它对交换的满意，主要在于加盟商拥有一种对连锁商的认同感。加盟商越是有意愿传递出朋友形象，表明这种认同感就越强；而认同感越强，加盟商就更对自身所获经济收益给予正向评价、更易对其感到满意。不仅如此，认同感还会促使加盟商对连锁商产生好感，使它更易对它们之间的社会互动感到愉快和满意。这两方面的共同作用是研究假设 H3b 得到支持的原因。而且，“（加盟商）朋友形象”对满意的影响小于“（连锁商）朋友形象”的影响（路径系数 0.1625＜0.2977），显示加盟商内心的认同感不及经济收益、社会互动对满意的影响大。这符合组织利益导向的本质以及长期交换的特质。

进一步地，“满意”是学术界从关系契约视角分析组织交换所采用的一个关键变量。以往研究表明，关系营销模型中的两个关键变量信任和承诺都会对满意产生影响（Andaleeb，1996；Anderson and Narus，1990；Geyskens et al.，1998；Rodriguez et al.，2006；Artz，1999；Jap and Ganesan，2000；Siguaw et al.，1998）。本书认为信任、承诺在长期交换中固然能够提升关系管理的效果，却是关系规范充当着关系管理的工具，决定着关系管理效果的基准。若该工具被很好地利用，则信任、承诺无疑会起到锦上添花的效果；若它没有被很好地利用，整体关系管理效果不理想，则信任、承诺最多只是减少了不理想的程度而已。对此，本研究提出了一个基于“商业友情—朋友形象”转化的关系管理维持框架，且“商业友情”反映了“角色诚实”、“团结”、“互惠、“灵活性”等不同的关系规范。在此，研究假设 H3a、H3b 均得到支持，表明“商业友情”可以通过“(连锁商)朋友形象”与“(加盟商)朋友形象”对满意产生显著影响(路径系数 = 0.3571, $T = 3.3188$；见表 5－2)。该结果使商业友情在对满意的影响力方面，获得了不被信任、承诺两个变量所挑战的地位，为以它为基础建立关系管理框架提供了坚实的支持。

(三)“分配不公平”对“满意”的影响

分配不公平指的是针对加盟商的不公平。具体为加盟商将自身的(收益/付出比值)与连锁商的(收益/付出比值)进行比较，所得结果前者小于后者的情形。

本研究之所以在检验朋友形象对满意的影响时，将分配不公平设定为控制变量，主要基于两方面的原因。第一，在理论上，分配越是不公平，加盟商在同等付出下所获得的最终经济收益就越少。即便所获收益大于期望收益，但与分配公平条件下的情形相比，它们之间的正向差距会变小，进而使得加盟商对于自身经济收益的满意程度会减弱。同时，如果加盟商感到分配不公平，它会对连锁商是否真正关心自己产生怀疑，这种负向情感又可能削减加盟商的社会满意。第二，已有的实证研究也显示分配不公平确实会对组织的满意产生影响。例如，渠道成员若感觉到分配不公平，会产生负向情感反应(Frazier, 1983; Fraizer et al., 1988)，甚至会产生针对对方的敌意(Scheer et al., 2003)。

对于实证结果显示“分配不公平”对“满意”有负向影响(路径系数 = －0.3173, $T = 2.6499$)，本研究并不感到意外。然而，值得注意的是，“(连锁商)朋友形象”与“(加盟商)朋友形象”对“满意”的影响系数分别为 0.2977、0.1625，都没有 －0.3173 的绝对值大。这意味着在同等条件下，分配不公平对满意的破坏作用明显大于朋友形象的促进作用。对于关系管理、关系维持来说，这是一个非常重要的警示。

5.3.4 满意对加盟商公民行为的影响

(一) 满意对信息共享的影响

加盟商共享的信息包括信息数量与信息可理解性。信息数量指的是加盟商在多大程度上向连锁商传递自身专有信息,信息的可理解性指的是加盟商在多大程度上确保所传递信息能够被连锁商完全理解。关于信息数量,假设 H4a1 提出,加盟商越是对它与连锁商之间的交换感到满意,就越会充分地向连锁商传递自身的专有信息。关于信息可理解性,假设 H4a2 提出,加盟商越是对它与连锁商之间的交换感到满意,就越会努力确保传递出的专有信息能被连锁商完全理解。实证检验结果不支持 H4a1(路径系数 = -0.1343, $T = 1.5782$),支持H4a2(路径系数 = 0.5914, $T = 12.3088$)。

在连锁体系中,加盟商面对的是终端消费者,它在经营中会不断累积所在地区的市场信息和消费者信息,形成自己的专有信息。这些信息有助于连锁商修正、完善自身的专有信息,提升连锁商的信息质量,进而提升整个连锁体系及自身的经营获利能力,是连锁商努力追求之物。按照显性契约的规定,加盟商并没有义务向连锁商传递这些信息;加盟商能够自主决定是否以及在多大程度上传递这些信息。然而,连锁商和加盟商会在长期接触中缔结起关系契约,形成一系列非正式的、隐性的规范契约;双方不是根据显性契约,而是主要依据对这些规范的理解来确定、履行自身义务的。源于契约规范的义务感会促使加盟商从事显性契约规定之外的行为。加盟商从交换中所获得的满意感会使它觉得受到了连锁商的“恩惠”;为了消除或减轻这种受恩惠感,加盟商会采取行动回报连锁商。当加盟商感觉到连锁商正努力寻求自身的专有信息时，便会将此视为一个缓解受恩惠感的机会，会以信息共享的方式完成对连锁商的回报。

假设 H4a1、H4a2 的检验结果显示了一个有意思的现象：当加盟商进行信息共享时，它固然会保证信息的可理解性，但对增加信息数量却非常勉强。通过访谈得知，连锁商会通过诸如举办定期会面沙龙、开展不定期业务意见征询等多种活动来探寻加盟商的专有信息。这种面对面的、频繁的交流，会在很大程度上促使加盟商传递的信息"容易被整理成书面表达形式"、"清楚直接"、"尽量使特许商能够充分地理解和领会"，使信息的可理解性得到保证。

与此同时，尽管单个加盟商意识到连锁商信息质量的提高可以为自身带来收益——连锁商对信息的吸收和整合，意味着基于该信息能够"生产"出更好的产品或服务，能够吸引到更多的终端消费者，能够增加自身的获益能力。然而，连锁商会无区别地向所有加盟商传递整合后的信息，连锁商信息质量提高所带来的所有加盟商经营能力的提升可能恰恰会削减自身基于某些特定信息而产生的竞争力。很可能正是基于这样的考虑，单个加盟商不愿意"完全地、主动地将与自身收益相关的当地市场信息传递给特许商"，致使加盟商所提供的信息数量并未随其满意而增加。

（二）满意对正向口碑的影响

在消费者行为学领域，口碑是产品或服务的消费者主动开展的、在私人之间进行的、非正式的信息传播（Kozinets et al.，2010），是他们将对于产品或服务的评价传播给他人的一种方式（File et al.，1994）。本研究将口碑概念引入连锁体系中，指出加盟商很可能会将它对于所属连锁商的评估传递出去，形成关于某个连锁商的加盟商。如果连锁商的现有加盟商能够向外播出它的正向口碑，则可能会使更多潜在的加盟商选择它，进而为它带来更多收益。

考虑到对于个体而言，朋友代表了一种非常重要的社会关系，如果加盟商中的个体愿意向其朋友传播连锁商的正向口碑，则意味着该个体会真实地向外传递正向口碑。因此，本研究通过“加盟商中的个体意愿向其朋友传递连锁商的正向口碑”来度量正向口碑。

关于满意对口碑的影响，本研究提出，加盟商越是对它与连锁商之间的交换感到满意，就越有可能传递正向口碑(假设 H4b)，且假设H4b得到了实证结果的支持(路径系数 = 0.797, T = 14.2414)。这显示满意对正向口碑传播的促进作用在连锁商—加盟商交换中同样成立，从而为满意在商业交换中的重要作用提供了又一个佐证。

(三) 满意对留存意愿的影响

在加盟期满之后，加盟商完全可以自主决定是否继续留在现有连锁体系中。加盟商的留存意愿体现了它在多大程度上愿意与现有连锁商而不是市场上的其他连锁商来继续商业交换。与假设H4c 所指出的相一致，实证检验结果表明加盟商对它与连锁商之间交换的满意感越强，它的留存意愿就越强(路径系数 = 0.4373, T = 4.7787)。

本研究认为这个结果当属情理之中。首先，对于组织而言，经济上的获益是其存在的根本目的；它们对于经济收益的认知满意无疑也会促使其继续与现有合作伙伴的交换(Morgan and Hunt, 1994; Geyskens et al., 1999; Geyskens and Steenkamp, 2000)，连锁体系中的加盟商也概莫能外。其次，加盟商在与连锁商进行长期交换的过程中会进行社会互动，这使得加盟商在收获经济利益之外，还能够体验到一种情感上的满意，这无疑也会增强它的留存意愿。

在长期交换中，连锁商和加盟商会缔结起关系契约，形成一系列非正式的、隐性的规范契约，且双方会主要根据自身对这些规范的理解来确定、履行自身义务，从而以社会交换的方式完成商业交换。“信息共享”、“正向口碑”、“留存意愿”这三种行为不在显性契约之列，它们可由加盟商自由把握，且超越了加盟商与连锁商之间单纯的经济交换——前者向后者提供各种专有信息、后者向前者支付专有信息费用，可被视为“加盟商公民行为”。而且，这三种行为会直接影响到连锁商的经济收益。实证结果显示，虽然满意也有力所不能及的地方——不能显著提升加盟商传递信息的数量，却可以促使加盟商努力确保所传递信息能被连锁商理解，促进加盟商进行正向口碑传播，增强加盟商的留存意愿。这不仅说明了满意在关系管理、关系维持中的重要性，更支持了目标组织通过“传递商业友情、塑造朋友形象”来进行关系维持的可行性——它能够提升对方满意。

5.4 本章小结

实证检验结果支持本书所提出的 10 个假设中的 9 个，只有表述满意对信息共享—数量影响的假设 H4a1 没有得到支持。根据检验结果，本书分析了“商业友情对于朋友形象的影响”、“朋友形象对于满意的影响”、“满意对三种特定关系行为的影响”，揭示了“商业友情—朋友形象”转化发生作用的路径。

同时，假设检验结果表明本书提出的组织间交换关系维持框架可被认为在实证层面上可行、有效。至此，本研究在理论、实证层面上构建了一个“以目标组织传递‘商业友情’、塑造‘朋友形象’为起点，以对方组织从事公民行为作为终点”的组织间交换关系维持框架。

第6章　讨　论

6.1　对检验结果的进一步讨论

理论上，一个完整的交换历程会涵盖建立、发展、维持、结束四个阶段。在交换双方签订了显性契约、建立了关系之后，交换便进入了发展阶段。在发展阶段，规范契约逐渐形成，直至代替显性契约成为解决交换中所出现问题的“首选求助对象”。这个转化的完成标志着发展阶段的结束以及维持阶段的开启。在维持阶段，主要是规范契约在规制双方行为，且规范契约还会不断发展，其作用还可能会进一步增强。进入了维持阶段的交换，终会在未来的某个时间节点结束。然而，实践中，组织在维持阶段所获收益是其生存和发展的基础。它们会尽量避免或延迟交换关系的结束，它们会努力延长交换的维持阶段，着力进行有效的交换关系维持。

那么，在组织间交换中，组织该如何进行维持关系？本研究尝试给出的回答是：目标组织借助规范契约，向对方传递“商业友情”，在对方眼中塑造一个组织层面上的“朋友形象”，进而促进对方从事目标组织期待的关系行为。不过，该回答是否构建出一个组织间交换关系维持的“框架”，或者说以传递“商业友情”、塑造“朋友形象”来进行交换关系维持仅仅是一个策略，还是可以上升为战略，仍值得进一步审视。鉴于“商业友情”传递是关系维持的起点，本书将进一步对“商业友情”概念的重要性、“商业友情”作用的重要性展开探讨，以完成这一审视。以下将围绕这两个方面对假设检验结果展开进一步的讨论。

（一）“商业友情”概念的重要性

本书中的“商业友情”概念是在克服“朋友角色”概念的缺陷中提出的。Heide 和 Wathne(2006)将组织划分为朋友和商人两种角色，指出朋友角色遵循“适宜原则”来行动，商人角色遵循“结果原则”来行动；且组织可以在某一时间段内扮演一种角色、在另一时间段内扮演另一种角色。然而，本书分析指出：第一，追求经济收益是组织存在的根本原因，它们会天然地以“商人角色”来从事交换活动，而不会扮演“朋友角色”；第二，对方无法体察到目标组织的动机，它所能做的是考察目标组织的具体行为，通过“观其行”对其所扮演角色进行评判。对此，本书用“商业友情”概念来体现扮演着“商人角色”的组织在多大程度上会让对方感到它像个朋友一样行事，以克服第一个缺陷；用“形象”概念来反映对方对目标组织的评判，来克服第二个缺陷。

此时，如果以“商人角色”为原点，则目标组织的位置可根据它所传递的“商业友情”的多寡而定——友情多，距离原点越远；友情少，距离原点越近；无友情，则在原点上。且这个位置的确定不是由友情的发送方（目标组织）而是由友情的接收方（对方组织）来完成的。由此，在理论上，我们可以通过商业友情来反映组织在交换中的行为。商业友情概念可被用来刻画、理解组织在交换中的行为。

进一步地，如果处于关系维持阶段的组织欲塑造“朋友形象”，则需要明确哪些关系规范能够体现“商业友情”，需要通过行为体现对这些规范的遵从、传递“商业友情”，进而塑造对方眼中的“朋友形象”。而对方则会观察目标组织的行为，从中感受目标组织是否以及在多大程度上传递了友情，进而判断目标组织是否以及在多大程度上具有“朋友形象”。

在本研究中，商业友情的三个维度恰好体现了不同的关系规范——“自我披露”体现了角色“诚实”，“亲密”体现了“团结”，“共生倾向”体现了“互惠”及“灵活性”。关系规范（主要是规范契约）规制着维持阶段的交换关系，它也因此可用来描绘、区别不同的交换关系。显然，体现了关系规范的商业友情维度也可发挥类似作用。而针对第一个假设检验模型的分析显示：“自我披露”、“亲密”、“共生倾向”作为一阶因子能够很好地反映“商业友情”二阶因子。由此，商业友情维度体现了关系规范，反映了商业友情，为“商业友情反映组织在交换中的行为”提供了背书和支持。

（二）“商业友情”作用的重要性

目标组织通过遵从某些关系规范传递友情，对方则根据自身感受对目标组织朋友形象进行判断，并因此影响对方的满意和关系行为。通过探讨商业友情对满意、关系行为的影响（在连锁商—加盟商交换中，就是连锁商商业友情对加盟商满意、加盟商公民行为的影响），我们可以对其重要性进行考量。

根据第2.1节的论述，组织在交换中可以获得经济收益和社会收益，且它们虽以经济收益为终极目标，但也会注重社会收益如自身声望、名声等。不过，它们注重社会收益却绝非为了社会收益本身，而是希望以此为手段，维持与对方的交换，获得一个长期、稳定的经济收益保障。正因如此，天然地扮演着“商人角色”的组织才会在交换中传递“商业友情”。可见，商业友情被假定、被期许可以为其传递者带来经济收益和社会收益。

在连锁商—加盟商交换中，加盟商越是感到与连锁商之间社会互动良好，越会在交换中产生正向情感，感受到社会满意。对连锁商而言，让对方满意可以为自身博得良好声誉，为自身赚得社会收益。实证检验结果表明：连锁商商业友情对加盟商满意会产生正向影响(见表 5-2,路径系数=0.3571, T=3.3188)。虽然此处的满意同时针对经济收益和社会互动,但依然能在很大程度上为"连锁商商业友情可促进加盟商社会互动满意"提供支持,进而为"连锁商商业友情可为其带来社会收益"提供背书。

同时,连锁商和加盟商在长期交换中会缔结起关系契约,形成一系列非正式的、隐性的规范契约;双方会主要根据自身对这些规范的理解来确定、履行自身义务。"信息共享"、"正向口碑"、"留存意愿"这三种行为超越了加盟商与连锁商之间单纯的经济交换——前者向后者提供各种专有信息、后者向前者支付专有信息费用,它们可由加盟商自由决定,构成了"加盟商公民行为"。更为重要的是,这三种行为会直接影响到连锁商的经济收益。具体地,加盟商的"信息共享"有助连锁商修正、完善已有专有信息,提升信息质量,进而有助于提升整个连锁体系的经营获利能力,最终提升加盟商转移的经济收益,即增加连锁商的经济收益。加盟商的"正向口碑"传播可为连锁商吸引到更多的潜在加盟商,加盟商的"留存意愿"则会减少现有加盟商的流失可能,从而有助于连锁商扩大加盟商数量、增加收益。实证检验结果显示:连锁商商业友情对加盟商的"信息共享—可理解性"、"正向口碑"、"留存意愿"有正向影响(参见表5-2,路径系数=0.2112, T=2.9929;路径系数=0.2846, T=3.2711;路径系数=0.1562, T=3.1438)。虽然商业友情对"信息共享—数量"的影响未获支持,但此结果总体上支持"连锁商商业友情可为其带来经济收益"。

由此,连锁商在交换中所能得到的是社会收益、经济收益,传递商业友情可同时对这两种收益的获得产生正向影响,显示了商业友情的重要作用。

综上,商业友情概念可以描绘、区别不同的交换关系,商业友情传递可同时对社会收益、经济收益的获得产生正向影响。它们从不同角度诠释了商业友情的重要性,有力地支持了将传递"商业友情”、塑造“朋友形象”作为一种关系维持的战略。不过，本研究也发现连锁商友情并不会显著促进加盟商增加信息共享的数量，说明它并不能在所有方面都达到预期效果。所以，即使采用了传递“商业友情”、塑造“朋友形象”这一战略，也绝非要排斥其他的补充策略。当然，这正是战略和策略的作用使然。

6.2 本研究的理论意义

本研究以“显性契约”和“规范契约”为标识，在理论上将一个完整的组织间交换历程划分为四个阶段：建立、发展、维持、结束；指出以“规范契约是交换双方解决问题的‘首选求助对象’”为特征的维持阶段占据了整个交换过程的核心时间段，产出了大部分交换收益。营销领域内有关组织间交换的文献，虽不乏针对整体交换关系管理的概括阐述，却鲜有针对特定阶段关系管理的深入探讨。对于如何管理处在维持阶段的交换关系，即如何进行交换关系维持，学术界尚不能充分作答。对此，本研究尝试在理论及实证层面上构建了一个组织间交换关系维持框架：它以目标组织传递“商业友情”、塑造“朋友形象”为起点，以对方组织从事公民行为作为终点。该框架及其构建具有如下的理论意义：

(1) 提出了组织间的“商业友情”、“朋友形象”概念，构建了“商业友情—朋友形象”转化。

Heide 和 Wathne(2006)将组织划分为朋友和商人两种角色，但他们以行为动机来区别组织角色的方式使“朋友角色”概念面临两个重要缺陷：第一，追求经济收益是组织存在的根本原因，它们会天然地以“商人角色”来从事交换活动，而不会扮演“朋友角色”；第二，对方无法体察到目标组织的动机，它所能做的是考察目标组织的具体行为，通过“观其行”对其所扮演角色进行评判。对此，本书用“商业友情”概念来体现天然地扮演着“商人角色”的组织在多大程度上会让对方感到它像个朋友一样行事，以克服第一个缺陷；用“形象”概念来反映对方对目标组织“角色”的评判，克服第二个缺陷。

以“商人角色”为原点，则目标组织的位置可根据其“商业友情”的多寡而定——友情多，距离原点越远；友情少，距离原点越近；无友情，则在原点上。且这个位置的确定不是目标组织（友情的发送方），而是由对方组织（友情的接收方）来完成的。根据目标组织传递的友情，对方来判断是否认可、在多大程度上认可目标组织具有“朋友形象”，从而使目标组织的“商业友情—朋友形象”转化得以完成。该转化代表了一个描绘组织间关系的新视角。

(2) 通过引入“心理契约”概念，完善了现有的组织间关系研究框架，并在完善后的框架中对“商业友情—朋友形象”转化进行了定位。

目前，营销领域内对组织间交换关系的研究采用的是关系契约视角。根据该视角，组织在长期接触中会形成规范契约，达到对“如何与对方打交道”的一致理解。因此，目标组织认定的“目标组织‘朋友形象’义务”与“对方（针对目标组织的）‘朋友形象’期望”会趋于一致。理论上，当目标组织明确了哪些规范契约能够体现商业友情且以遵从这些契约规范的行为向对方传递商业友情之后，它便履行了朋友形象义务，在对方眼中塑造了朋友形象。然而，现实是双方针对对方的期望存在于各自心理契约之中，它们无法被对方获知；双方只能在交换中通过观察对方行为、揣测对方期望来确定并履行自身义务。此时，目标组织认定的朋友形象义务与对方的朋友形象期望多会有偏差，导致其履行义务、传递友情的行为不一定会塑造出朋友形象——因为对方从其行为中感受到的友情并不一定符合它对朋友形象的期望。

本研究引入了“心理契约”概念，修订了关系契约视角下“双方对‘如何与对方打交道’有一致理解”这一隐含设定，完善了现有的组织间关系研究框架。目标组织的“商业友情—朋友形象”转化正是对方心理契约作用的体现。

(3) 提出了商业友情的三个维度，实现了“商业友情”概念的操作化。

在任何交换中，都是信息将双方连接起来的；本研究因而选取了‘围绕着信息传递展开组织间交换’的服务型连锁体系为抽取商业友情维度的情境。本研究认为，“自我披露”、“亲密”、“共生倾向”这三个维度可以很好地表征连锁商的商业友情。其中，“自我披露”维度针对的是连锁商所传递的专有信息的数量，反映的是加盟商认为连锁商积极地进行专有信息传递的程度。“亲密”维度反映的是加盟商在多大程度上认为连锁商通过信息传递在两者之间建立了密切的联系。“共生倾向”维度体现的是加盟商在多大程度上认可连锁商在信息传递中践行了互惠准则最关键的一个方面——连锁商将“使加盟商获得好收益”视为自身义务。在交换关系维持阶段，规范契约是交换双方解决问题的“首选求助对象”，在交换中起主导作用。这三个维度体现了不同的规范——“自我披露”体现了角色“诚实”，“亲密”体现了“团结”，“共生倾向”体现了“互惠”及“灵活性”，切合了关系维持阶段的特征。

同时，在过去 20 多年间，学术界提出了诸多概念来展开对组织间交换关系的探讨。诚然，不同概念以及不同概念所体现的视角在研究初期会推动其发展，但当研究发展到比较成熟的阶段时，我们往往需要减少概念的数量、构建更简洁的理论体系。根据本研究的结果，“商业友情”能够代替一些规范，有助于简化该领域内的理论体系。

另外，Heide 和 Wathne(2006)提出了角色框架，认为它代表了未来的研究方向，号召对其展开实证研究。本书对商业友情的操作化处理可被视为一个开端。且本书提出的商业友情维度不仅是对商业友情的一种操作化，更是一种对商业友情进行操作化的思路：在不同的交换关系中，不同关系契约规范的重要性会发生变化；研究者可针对不同的情境，对商业友情维度进行补充，甚至改变。

(4) 验证了传递“商业友情”、塑造“朋友形象”所发挥出的作用。

实证检验结果显示连锁商的商业友情传递会塑造“连锁商朋友形象”、激发“加盟商朋友形象”。而且，通过这两种朋友形象，连锁商商业友情①在总体上会对“信息共享”、“正向口碑”、“留存意愿”三种加盟商公民行为产生正向影响，从而增加连锁商的经济收益。②对加盟商的总体满意产生正向影响，从而极有可能引发加盟商的社会互动满意，进而为连锁商自身带来社会收益(如良好的名声)。

经济收益和社会收益是一个组织可以从交换中得到的全部。“传递商业友情、塑造朋友形象”可对这两种收益的获取产生正向影响，表明以此为起点的组织间交换关系维持框架是可行的。

(5) 组织间交换关系维持框架的提出，平衡、充实了现有的交换关系研究内容。

组织在长期交换中会缔结起关系契约；进入关系维持阶段，它们会根据各自对关系契约规范(主要是规范契约)的理解来确定、履行自身义务，会视契约规范为解决所出现问题的“首选求助对象”。然而，目前的研究多围绕着关系营销模型中的关键变量“信任”、“承诺”而展开，对如何利用契约规范来进行关系管理的探讨却相对有限。诚然，正如关系营销模型所指出的，信任感和承诺感可促进关系维持的效果，却是关系规范充当着关系管理的工具、决定着关系管理效果的基准——若该工具被很好地利用，则信任、承诺无疑会起到锦上添花的效果；若它没有被很好地利用，整体的关系管理效果不理想，则信任、承诺最多只是减少了不理想的程度而已。因此，本该有更多的研究着眼于分析如何基于规范契约来进行关系管理、关系维持。在这个意义上而言，现有的交换关系研究内容存在着很大程度上的失衡。

在本研究中，商业友情三维度体现了不同的关系规范——“自我披露”体现了角色“诚实”，“亲密”体现了“团结”，“共生倾向”体现了“互惠”及“灵活性”，连锁商通过遵从某些特定契约规范而传递了商业友情。可见，本研究论及的是如何利用好契约规范这个问题。相关探讨能够在一定程度上纠正现有交换关系研究内容的失衡，使其变得更加平衡、充实。

6.3 本研究的管理意义

在目前的实务界，组织将其主要合作者称为“朋友”，大谈组织间“友情”之声不绝于耳。然而，很多时候，组织只将此作为一种光鲜、悦耳的、空头支票式的口号；它们昂扬呐喊，却吝于行动。表面看来，这不过是中国商业界“务虚”的又一种体现；深层次的原因，这在很大程度上缘于组织的两个疑问：“待对方以朋友之道”是否真的于己有利？如果答案是肯定的，如何对待对方才是“以朋友之道待对方”？

本研究提出，在交换关系维持阶段，目标组织可通过遵从某些特定的契约规范向对方传递“商业友情”，在对方眼中塑造一个“朋友形象”，促进对方从事自身期待的关系行为。连锁体系中的实证检验结果表明，通过“朋友形象”，连锁商的“商业友情”会同时对加盟商的经济满意和社会满意产生正向影响，并会以加盟商的总体满意为中介，对“信息共享”、“正向口碑”、“留存意愿”三种加盟商公民行为产生正向影响，进而帮助提升连锁商自身的经济收益。由此，组织虽以追求经济收益为终极目标、虽在交换中天然地扮演“商人角色”，但若能采取一种朋友式的行事风格，传递“商业友情”、塑造“朋友形象”，则可为自身带来切实的经济收益。换言之，

"待对方以朋友之道"于己有利。

同时，本研究指出，交换的相互性决定了某一方自封的角色没有意义，该角色只有得到了对方的认可，才会影响到对方行为，某一方的角色扮演方才有了价值。组织要"以朋友之道待对方"，必须首先确立这样一个理念："朋友"不是自封的，而是要通过传达友情才能建立起来的一个形象。唯此，视主要合作者为朋友，构筑双方友谊才不至流于空谈。进一步地，连锁体系中的实证检验结果表明：体现着契约规范的"自我披露"、"亲密"、"共生倾向"三个维度可以很好地表征连锁商的"商业友情"，且连锁商的友情传递会转化为它在加盟商眼中的"朋友形象"。由此，目标组织在实践中应充分利用它与对方在交换中形成的契约规范，以遵守某些特定规范的方式，比如积极披露信息、展现亲密、展示共生倾向等，向对方传递友情，从而践行"朋友之道"。

虽然本研究的实证检验结果是在终端提供物为无形服务的连锁体系(服务型连锁体系)中得到的，但由于"在任何交换中，都是信息将双方连接起来的"(Duncan and Moriarty, 1998)，上述建议对终端提供物为有形产品的连锁体系同样有用。例如，在"小肥羊"、"谭鱼头"、"马兰拉面"等餐饮连锁中，信息同样在最终产品的形成中发挥着重要作用——加盟商从连锁商处不仅获得了各种食材，更关键的是获得了加工食材的方法、步骤以及所谓的"秘方"，从而生产了有竞争力的产品，吸引消费者。这些体系中的连锁商依然可以通过"传递商业友情、塑造朋友形象"来维持与加盟商之间的交换关系。当然，在不同的交换关系中，不同契约规范的重要性会发生变化；组织可根据实际情况，对本研究提出的"自我披露"、"亲密"、"共生倾向"这三个商业友情维度进行补充甚至改变，以更好地践行"朋友之道"。

进一步地，虽然本研究的实证检验结果是在连锁体系中得到的，但考虑到连锁只意味着交换双方(连锁商、加盟商)的相互依赖性更强，因而我们可以在组织间交换这个更大的视角下对检验结果进行解读。这就是，“传递商业友情、塑造朋友形象”可以成为一般组织进行交换关系维持的战略路径选择。

在消除了组织关于“待对方以朋友之道”的两个疑问之后，本研究的实证结果还为那些摩拳擦掌、跃跃欲试者提供了两个关键的警示性建议。

第一，任何的交换关系维持、管理措施，都必须以相对公平的经济收益分配为基础。鉴于已经有研究表明不公平会产生诸多负面影响，比如会引发负向情感反应(Frazier, 1983; Fraizer et al., 1988)，会引起抱怨或敌意(Kumar et al., 1995)，或导致不信任甚至关系终结(Scheer et al., 2003)，故针对“‘分配不公平’对‘满意’有负向影响”这一实证结果，本研究并不感到意外。然而，值得注意的是，“连锁商朋友形象”与“加盟商朋友形象”对满意的正向促进作用都没有分配不公平对满意的破坏性大。可见，离开了对于经济收益的保证，其他的关系维持手段都很可能成为无本之木。无论是为了更好地创建朋友形象，还是为了该创建努力不付诸东流，组织都应该使双方的经济收益分配保持在相对公平的水平上。

第二，没有一种方式可以完全代替其他，成为关系维持的唯一选择。在这一点上，本研究所提出的关系维持框架也不例外。实证结果显示：连锁商的商业友情能够促进加盟商满意，能够促进加盟商的正向口碑传播、留存意愿、所共享信息的可理解性，却不会显著促进加盟商共享信息数量的增加。可见，友情传递并不能在所有方面都达到预期效果。即使组织将“传递商业友情，塑造朋友形象”作为一种战略路径，也绝非要排斥其他的补充策略。比如，组织依然可以行使单边权力，要求对方从事某些行为。只是在采取其他策略时，组织要谨慎把握，以免它们与友情传递战略产生冲突。

6.4 本研究的局限性

本研究主要在以下方面存在局限性：

首先，本研究的样本来源于一个房地产中介连锁体系——21世纪不动产。21世纪不动产是一个相当理想的数据来源：截至2011年3月，它在中国大陆的32个城市拥有加盟店；在企业规模和成交额两个指标上，它在正式运营的90%的区域中都位于当地市场前三名；在加盟商数量这个指标上，它在整个中国大陆市场上位居前列。同时，鉴于本研究目的是为理论框架提供支持，来源于同一个体系的数据还有助于避免内部不一致性问题的出现。不过，由于缺乏其他房地产中介连锁体系的数据支持，其他研究者在引用本研究实证结果来分析房地产中介行业的关系维持与管理时，应该保持谨慎。

其次，本研究选取了“终端提供物为无形服务的连锁体系”这一特定情境来抽取商业友情维度。在该情境中，信息传递主导着连锁商、加盟商之间的交换行为，构成了它们之间交换的核心。虽然在任何交换中都是信息将双方连接起来的，但在终端提供物为有形产品的连锁体系中，或者在更加一般的组织间交换情境中，表征组织商业友情的维度可能会有变化。本研究提出的商业友情三维度可能还需要补充或改变。

再次，本研究的数据只来自加盟商一方。理论上，加盟商无法体察连锁商的行为动机，无从知晓连锁商是否自封给“主我”一个“朋友角色”，它只能通过观察连锁商的行为，对其“宾我”是否呈现出、多大程度上呈现出“朋友形象”进行判断。因此，如果我们能够获得连锁商对自身的“主我”界定，并将“主我”与它在加盟商眼中的“宾我”进行对比，便能更清晰地揭示连锁商“商业友情”如何在“主我”和“宾我”之间发生作用。不过，本研究的连锁商只有1家，即便将上海、杭州、天津、青岛、武汉这5个城市的区域连锁商分别考虑，其数目也只有5家，而填写了有效问卷的加盟商数量为156家。这样悬殊的数量差距无法达到预期效果，本研究也不得不因此打消了上述想法。

最后，本研究的数据都是加盟商自我报告的。虽然共同方法方差在此不是一个问题，却是一个研究隐患。本研究考虑过让连锁商来报告加盟商的公民行为，却被各区域的连锁商拒绝了。因为各区域连锁商组织中的"关键信息提供者"只有1～2名，他们一方面不愿意花费大量精力去对数量很多的加盟商进行评判，另一方面他们也无法针对不同加盟商做出差异化的、有效的评判。这恐怕是以组织为对象的调研所无法克服的问题。

6.5 未来研究方向

未来的研究可从以下方面展开，以便推进对商业友情概念的进一步认识和应用。

首先，未来的研究应该选择更多的行业来验证已抽取的商业友情维度。如前所述，在终端提供物为无形服务的房地产中介行业，连锁商传递给加盟商各种无形信息(加盟店开办门店所需的选址信息，经营过程中所需要的实际知识、技术诀窍等)，加盟商向其支付费用；连锁商的行为围绕着信息传递而展开，加盟商对其商业友情的感受将从信息传递中获得。本研究相信，就直观感觉而言，大多数学者都会认可在服务行业中围绕着信息传递来界定商业友情维度。然而，如果认为该方法仅在服务行业中可行，则是一种尚未摆脱有形"产品"与无形"服务"相对立的、窠臼的体现。按照服务主导原理(Service - Dominant Logic)的观点，有形"产品"和无形"服务"之间根本不存在对立，它们都是某一方运用所有的资源——尤其是特殊的能力和知识，来为对方提供利益所得的结果

(Vargo and Lush, 2004, 2008)。不过，恰如服务主导原理所指出的那样，本研究也承认产品和服务的外在表现会有不同。因此，如果选择制造行业对商业友情维度进行验证，则可能需要对已提出的维度进行调整。当然，即使选择金融、保险等其他一些服务行业，这种调整也都是不可避免的。

其次，未来的研究应该采取客观性的绩效指标来进一步查看商业友情的作用。追求经济利益是组织本身存在的根本原因，也是它们进行关系管理、关系维持的终极目标。虽然本研究认为加盟商"信息共享"、"口碑"、"留存意愿"这三种行为相比于一般意义上的关系行为，对连锁商经济收益的影响更加显著，但它们毕竟不是经济收益的直接指标。为了明确商业友情在关系管理中的作用，有必要探查它对于组织经济收益直接指标的影响。

还有，未来的研究应该进一步考察商业友情与现有的组织交换关系研究框架中的其他变量之间的关联。这主要基于以下两方面的考量：

第一，商业友情维度体现了关系规范，传递商业友情源于对特定规范的遵从。本书提出的以"传递商业友情、塑造朋友形象"为起点的交换关系维持框架论及如何利用好契约规范这个问题。相关探讨能够在一定程度上纠正因"信任—承诺"关系营销模型大行其道而"失衡"的交换关系研究内容。同时，本研究实证结果表明"商业友情"通过"(连锁商)朋友形象"与"(加盟商)朋友形象"能够对满意产生显著影响，该结果使商业友情在对满意的影响力方面，获得了不被信任、承诺两个变量所挑战的地位，为以它为基础来建立关系管理框架提供了坚实的支持。但是，这仅仅是一个起点。未来的研究应该进一步探查商业友情与信任、承诺之间的关系，对比它们对某个结果变量的影响大小，察看其中哪个变量可以作为中介变量，等等。

第二，商业友情三个维度在内涵上与已有的一些研究变量存在着重合。“自我披露”内涵与“信息共享”类似，衡量“亲密”的两个指标与“参与”、“沟通质量”内涵重合，“共生倾向”本就可通过“善意”、“灵活”来体现。在过去20多年间，学术界提出了诸多概念来展开对组织间交换关系的探讨。诚然，不同概念以及不同概念所体现的视角在研究初期会推动其发展，但当研究发展到比较成熟的阶段时，我们往往需要减少概念的数量、构建更简洁的理论体系。本研究指出，“商业友情”概念能够替代已有的若干概念，有助于简化该领域内的理论体系；且它能够替代的概念越多，则越具有理论上的概括性。由此，未来的研究需要进一步实证检验商业友情与相关概念的关联，以验证其概括性。

附　录

特许商—加盟店关系调查问卷

尊敬的女士/先生：

您好！

我们诚挚邀请并期待您参与此次问卷调查，评估一下您所在加盟店与您的特许商“21世纪不动产”之间的关系。

本问卷共包括A、B、C、D四个部分，请根据各部分具体要求作答。

A

A包含(1)～(8)八个部分。

请根据您所在(或选定)加盟店与特许商之间在过去12个月的商业往来及整体关系作答。请从数字1～5中选择一个，表示您对以下不同题项的同意程度，并将数字填在(　)内。

完全不同意	不同意	既非“不同意”也非“同意”	同意	完全同意
1	2	3	4	5

(1)

(　)1. 特许商仅仅依据已有协议向我所在(或选定)加盟店提供信息。

( ) 2. 对于有助于我所在(或选定)加盟店经营的任何信息,特许商都会尽量提供。

( ) 3. 特许商并非自愿向我所在(或选定)的加盟店提供很多信息。

( ) 4. 特许商在向我所在(或选定)加盟店提供信息时,有所保留。

( ) 5. 对于向我所在(或选定)加盟店提供信息,特许商持一种开放的态度。

( ) 6. 特许商会向我所在(或选定)加盟店提供一些"整个行业发展、市场形势、竞争对手情况"等的可靠信息。

( ) 7. 特许商会与我所在(或选定)加盟店分享一些它的内部专有信息,如"特许商关于整个连锁体系发展战略的决策、新开加盟店的地址和数量"等。

(2)

( ) 1. 特许商鼓励我所在(或选定)加盟店提出意见。

( ) 2. 特许商积极寻求我所在(或选定)加盟店的观点、建议、推荐的方法等。

( ) 3. 对于我所在(或选定)加盟店的新想法和新建议,特许商能够很好地听取和接受。

( ) 4. 来自我所在(或选定)加盟店的好主意经常无法传递到特许商的管理实践之中。

( ) 5. 我所在(或选定)加盟店和特许商之间的沟通非常准确。

( ) 6. 我所在(或选定)加盟店和特许商能够很好地理解双方传递的信息。

( ) 7. 我所在(或选定)加盟店和特许商之间的沟通是有效率的。

( ) 8. 我所在(或选定)加盟店和特许商之间的沟通是足够的。

(3)

( ) 1. 特许商非常关心我所在(或选定)加盟店的整体利益。

( ) 2. 特许商非常重视我所在(或选定)加盟店的需要和要求。

( ) 3. 特许商非常留心那些对我所在(或选定)加盟店非常重要的东西。

( ) 4. 特许商在进行重要决策时,会如同考虑自身利益一般考虑我所在(或选定)加盟店的利益。

( ) 5. 特许商会不怕麻烦,尽力为我所在(或选定)加盟店提供帮助。

( ) 6. 一旦出现问题,特许商总会适时提供帮助给我所在(或选定)加盟店。

( ) 7. 即使我所在(或选定)加盟店面临的问题超出了合同规定的特许商义务范围,我所在(或选定)加盟店依然可以指望向特许商寻求帮助。

( ) 8. 当我所在(或选定)加盟店面临一些特殊的问题或/和环境时,特许商愿意做出一些调整来帮助我所在(或选定)加盟店。

(4)

( ) 1. 对于我所在(或选定)加盟店当初选择目前特许商的决定,我感到恰当而且幸运。

( ) 2. 我所在(或选定)加盟店选择目前的特许商,是做了一个正确的决定。

( ) 3. 我所在(或选定)加盟店与特许商之间的关系是愉快的。

( ) 4. 总体而言,我很满意所在(或选定)加盟店与特许商之间的关系。

(5)

( ) 1. 我所在(或选定)加盟店很少考虑:在与现有连锁商目前的合同结束后,加入另一个连锁体系。

( ) 2. 在与现有连锁商目前的合同结束后,我所在(或选定)加盟商愿意仍然选择目前的连锁商。

( ) 3. 我所在(或选定)加盟店会留意、寻找其他连锁体系的相关信息。

( ) 4. 虽然我所在(或选定)加盟店会留意、寻找其他连锁体系的相关信息,但目前的连锁商依然是首选。

(6)

( ) 1. 我所在(或选定)加盟店总是尽量完全地将当地市场信息提供给特许商或其他加盟店。

( ) 2. 我所在(或选定)加盟商会主动向特许商传递当地市场信息。

( ) 3. 我所在(或选定)加盟店通常将与自身收益相关的当地市场信息传递给特许商或其他加盟店。

( ) 4. 我所在(或选定)加盟店会向特许商传递一些当地市场信息,该信息与我所在(或选定)加盟店自身收益并不直接相关,但是有可能对于同一连锁体系中的其他加盟店或整个连锁体系有作用或帮助。

(7)

( ) 1. 我所在(或选定)加盟店向特许商或其他加盟店传递的当地市场信息容易被整理成书面表达形式。

( ) 2. 我所在(或选定)加盟店向特许商或其他加盟店传递的当地市场信息,相对清楚、直接,而没有隐含、间接。

( ) 3. 我所在(或选定)加盟店在传递当地市场信息时,尽量使特许商或其他加盟店能够充分地理解和领会。

(8)

若您有朋友想要加入您所在行业中的某一个连锁体系,您会

( ) 建议朋友选择您目前的特许商。

B

B包含(1)、(2)两个部分。

请根据您所在(或选定)加盟店与特许商之间在过去12个月的商业往来及整体关系作答。

要求：每个部分包括1和2两个题项，请在这1和2之间分配10分，
给予您更多同意的题项更多分值(最多可以达到10)；
相对较少同意的题项较少分值(最少可以为0)；
确保两个题项分值总和为10，并将相应的分值填在(　)中。

说明：
出现在下述题项中的朋友、商业拍档是一种比喻或类比，描述的是加盟店和特许商两个组织之间的关系，而不是个人与个人之间的关系。

(1)

(　)1. 对于我所在(或选定)加盟店而言，特许商更像是一个朋友。

(　)2. 对于我所在(或选定)加盟店而言，特许商更像是一个生意上的纯商业拍档。

(2)

(　)1. 我所在(或选定)加盟店倾向于采取一种朋友般的方式来对待特许商。

(　)2. 我所在(或选定)加盟店倾向于采取一种“在商言商”的纯商业方式来对待特许商。

C

C包含(1)、(2)两个部分。请根据各部分的具体要求作答。

(1)

a. 在过去12个月的经营过程中，特许商对于您所在(或选定)加盟店的经营会有一定的投入。投入构成可能涉及如下内容：

1.全国性及地区性品牌宣传；	2.进行市场研究并将信息告知您；
3.为您提供一手房的代理机会；	4.为您提供二手房的房源信息；
5.指导您熟悉服务流程；	6.有专人与您保持沟通，协助您解决问题；
7.对您的各种培训、指导，给您管理建议或支持，甚至财务支持；	
8.以及特许商在其他方面的各种人力、物力、财力的投入。	

b. 在过去12个月的经营过程中，您所在(或选定)加盟店对自身经营也会有一定的投入。投入构成可能涉及如下内容：

1.您所在(或选定)加盟店支付的初始加盟费在过去12个月(您认为的)应分摊金额；
2.店东、店长及(或)分店经理的时间、精力投入；
3.加盟店所属加盟商总部的副总经理、总经理、大投资人的时间、精力投入；
4.加盟店付给所雇员工的工资；
5.经营所涉及的各种经营成本：固定资产的投入、空间租金、水电费等；
6.以及加盟店在其他方面的各种人力、物力、财力的投入。

设定双方在过去12个月对于您所在(或选定)加盟店的经营投入努力a和b总和为10分。请根据您对双方各自努力大小的感受来作答下列题项。

要求：该部分包括1和2两个题项，请在这1和2之间分配10分， 给予更多的投入努力更多分值(最多可以达到10)； 相对较少的投入努力较少分值(最少可以为0)； 确保两个题项分值总和为10，并将相应的分值填在(年)中。

1. 特许商为我所在(或选定)加盟店经营做出的投入努力为( )分。

2. 我所在(或选定)加盟店为自身经营做出的投入努力为( )分。

(2)

a. 在过去12个月中,特许商会从您所在(或选定)加盟店的经营中获得一定的收入。该收入是您所在(或选定)加盟店支付给特许商的各种费用,可能包括:

1.您所在(或选定)加盟店已经支付的初始加盟费在过去12个月(您认为的)应分摊金额; 2.您所在(或选定)加盟店每个月支付的特许使用费; 3.您所在(或选定)加盟店支付的广告费用。 4.您所在(或选定)加盟店每个月支付的系统使用费用。

b. 在过去12个月中,您所在(或选定)加盟店也从自身经营中获得一定的收入。该收入是:

您所在(或选定)加盟商过去12个月的营业收入-(减去) 您所在(或选定)加盟店支付给特许商的各种费用(如上1、2、3、4)之后的所得

设定双方在过去12个月从您所在(或选定)加盟店经营中获得的收入a和b总和为10分。请根据您对双方各自收入大小的感受来作答下列题项。

要求:该部分包括1和2两个题项,请在这1和2之间分配10分, 给予更多的投入努力更多分值(最多可以达到10); 相对较少的投入努力较少分值(最少可以为0); 确保两个题项分值总和为10,并将相应的分值填在( )中。

1. 特许商从我所在(或选定)加盟店经营中获得的收入为( )分。

2. 我所在(或选定)加盟店从自身经营中获得的收入为( )分。

D

请根据您的情况，只需要且只能在 a 和 b 中选择一个来作答。

请反馈您所在(或选定)加盟店工作人员的构成情形，将答案填在

( )中。

a. 如果您所在的加盟商有 2 家及以上的加盟店，您所在(或选定)加盟店有：

1.( )名分行经理；

2. 除分行经理外，还有( )名全职工作人员，( )名兼职工作人员。

b. 如果您所在的加盟商只有 1 家加盟店，您所在的加盟店有：

1.( )名店东；( )名店长

店长是否同时也是店东？Y：是；N：否。您选的代表字母是( )。

2. 除店东及店长外，还有( )名全职工作人员，( )名兼职工作人员。

后　记

本书是在我的博士论文基础上完善而成的。在博士学习期间，收获良多。首先要感谢我的导师黄沛教授，他在很大程度上改变了我对世界的理解和人生的认识。虽然目前还无法断言将因此而获得更大的成功，但我坚信在黄老师的睿智言辞和儒雅风度的潜移默化之中，我已向智慧、成熟迈进了一步。同时，黄老师渊博的学识、严谨的学风和敏锐的洞察力，让我少走了诸多弯路，感悟众多。在生活方面，更得到了黄老师的悉心关怀，博士期间的指引和帮助，令我的感激之情难以言表，谨此表示由衷的感谢并致以崇高的敬意！

在博士学习期间，与我的同门王震国、高维和、刘晓峰、尤劲、栾瑞、牛志勇、洪炳宏等一同交流探讨，使我的研究工作受益匪浅，我们在一起度过了很多难忘的快乐时光，在此一并谢过。

深深感谢我的父母和弟弟，在漫漫的求学道路中不断给予我关爱和支持，鼓励我完成论文的写作。

最后，诚挚感谢上海立信会计学院黄汉江教授。在他的全力支持下，本书才得以出版。

2015 年 10 月

特别感谢，本书的出版得到以下基金资助

1. 国家自然科学基金项目:网络环境下的营销渠道变革与模式选择研究(70472029)。

2. 上海高校青年教师培养资助计划项目:组织间“商业友情”:维度构成及其对连锁渠道绩效的影响(ZZLX13015)。

3. 国家自然科学基金面上项目:国际外包下跨国公司后向关联对本土企业创新能力影响机制与效应研究(71272205)。

参考文献

[1] 高维和,黄沛,王震国.资产专用性、渠道异质性与渠道投机行为:基于中国汽车企业的实证[J].财贸研究,2006,(4):102-109.

[2] 高维和,黄沛,刘志刚.转轨时期中国企业渠道投机行为及其治理策略研究[J].管理评论,2007,19(12):32-40.

[3] 侯杰泰,温忠麟,成子娟.结构方程建模及其应用[M].北京:教育科学出版社,2004.

[4] 寿志钢,苏晨汀,杨志林,周南.零售商的能力与友善如何影响供应商的关系行为——基于信任理论的实证研究[J].管理世界,2008,(2):97-109.

[5] 寿志钢,朱文婷,苏晨汀,周南.营销渠道中的行为控制如何影响信任关系[J].管理世界,2011,(10):58-69.

[6] 周筱莲,庄贵军.营销渠道成员之间的冲突与解决方法[J].北京工商大学学报(社会科学版),2004,19(1):22-26.

[7] 庄贵军.权力、冲突与合作:西方的渠道行为理论[J].北京商学院学报,2000,(1):8-11.

[8] 庄贵军,周筱莲.权力、冲突与合作:中国工商企业之间渠道行为的实证研究[J].管理世界,2002,(3):117-124.

[9] 庄贵军,周南,周筱莲.营销渠道中依赖的感知差距对渠道冲突的影响[J].系统工程理论与实践,2003,(7):57-62.

[10] 庄贵军,席酉民,周筱莲.权力、冲突与合作——中国营销渠道中私人关系的影响作用[J].管理科学,2007,20(3):38-47.

[11] 庄贵军,李珂,崔晓明.关系营销导向与跨组织人际关系对企业关系型渠道治理的影响[J].管理世界,2008,(7):77－90.
[12] 庄贵军,刘宇.渠道投机行为的相互性以及交易专有资产的影响[J].管理科学,2010,23(6):43－52.
[13] 庄贵军.营销渠道中的人际关系与跨组织合作关系:概念与模型[J].商业经济与管理,2012,(1):25－33.
[14] Abrams, D., Ando, K., Hinkle, S. Psychological Attachment to the Group: Cross－cultural Differences in Organizational Identification and Subjective Norms as Predictors of Workers' Turnover Intentions[J]. *Personality and Social Psychology Bulletin*, 1998, 24 (10): 1027－1039.
[15] Achrol, R. S. Changes in the Theory of Interorganizational Relations in Marketing: Toward a Network Paradigm[J]. *Journal of the Academy of Marketing Science*, 1997, 25 (1): 56－71.
[16] Adams, J. S. Inequity in Social Exchange. In *Advances in Experimental Social Psychology*, Ed. by Berkowitz, L., New York: Academic Press, 1966, 2: 267－299.
[17] Agarwal, R., Karahanna, E. Time Flies When You're Having Fun: Cognitive Absorption and Beliefs about Information Technology Usage[J]. *MIS Quarterly*, 2000, 24 (4): 665－694.
[18] Agrawal, D., Lal, R. Contractual Arrangements in Franchising: An Empirical Investigation[J]. *Journal of Marketing Research*, 1995, 32 (2): 213－221.
[19] Albert, S., Whetten, D. A. Organizational Identity. In *Research in Organizational Behavior*, Ed. by Cummings, L. L. and Staw, B. M. Greenwich, CT: JAI Press, 1985, 7:

263 - 295.
[20] Alvesson, M., Willmott, H. Identity Regulation as Organizational Control: Producing the Appropriate Individual [J]. *Journal of Management Studies*, 2002, 39 (5): 619 - 644.
[21] Andaleeb, S. S. An Experimental Investigation of Satisfaction and Commitment in Marketing Channels: The Role of Trust and Dependence[J]. *Journal of Retailing*, 1996, 72 (1): 77 - 93.
[22] Anderson, E., Weitz, B. The Use of Pledges to Build and Sustain Commitment in Distribution Channels[J]. *Journal of Marketing Research*, 1992, 29 (1): 18 - 34.
[23] Anderson, E. W. Customer Satisfaction and Word of Mouth [J]. *Journal of Service Research*, 1998, 1 (1): 5 - 17.
[24] Anderson, E. W., Sullivan, M. W. The Antecedents and Consequences of Customer Satisfaction for Firms[J]. *Marketing Science*, 1993, 12 (1): 125 - 143.
[25] Anderson, J. C. Relationships in Business Markets: Exchange Episodes, Value Creation, and Their Empirical Assessment [J]. *Journal of the Academy of Marketing Science*, 1995, 23 (4): 346 - 350.
[26] Anderson, J. C., Narus, J. A. A Model of the Distributor's Perspective of Distributor - Manufacturer Working Relationships[J]. *Journal of Marketing*, 1984, 48 (4): 62 - 74.
[27] Anderson, J. C., Narus, J. A. A Model of Distributor Firm and Manufacturer Firm Working Partnerships[J]. *Journal of Marketing*, 1990, 54 (1): 42 - 58.
[28] Antia, K. D., Frazier, G. L. The Severity of Contract Enforcement in Interfirm Channel Relationships[J]. *Journal of Marketing*, 2001, 65 (4): 67 - 81.

[29] Armstrong, S. J., Overton, T. S. Estimating Nonresponse Bias in Mail Surveys[J]. *Journal of Marketing Research*, 1977, 14 (3): 396-402.

[30] Artz, K. W. Buyer-Supplier Performance: The Role of Asset Specificity, Reciprocal Investments, and Relational Exchange[J]. *British Journal of Management*, 1999, 10 (2): 113-126.

[31] Arunkumar, T. S., Dharmangadan, B. The Friendship Intensity Measurement Scale (FIMS)[J]. *Psychological Studies*, 2001, 46 (1-2): 58-62.

[32] Ashforth, B. E., Mael, F. Social Identity Theory and the Organization[J]. *The Academy of Management Review*, 1989, 14 (1): 20-39.

[33] Bagozzi, R. P., Yi, Y. Multitrait-Multimethod Matrices in Consumer Research[J]. *Journal of Consumer Research*, 1991, 17 (4): 426-439.

[34] Barclay, D. W., Higgins, C., Thompson, R. The Partial Least Square Approach to Causal Modeling: Personal Computer Adoption Use as Illustration[J]. *Technology Studies*, 1995, 2 (2): 285-309.

[35] Becerra, M., Lunnan, R., Huemer, L. Trustworthiness, Risk, and the Transfer of Tacit and Explicit Knowledge between Alliance Partners[J]. *Journal of Management Studies*, 2008, 45 (4): 691-713.

[36] Beech, N., Huxham, C. Cycles of Identity Formation in Interorganizational Collaborations[J]. *International Studies of Management and Organization*, 2004, 33 (3): 28-52.

[37] Beggan, J. K. On the Social Nature of Nonsocial Perception:

The Mere Ownership Effect[J]. *Journal of Personality and Social Psychology*, 1992, 62 (2): 229 - 237.

[38] Bergen, M., Dutta, S., Walker, O. C. J. Agency Relationships in Marketing: A Review of the Implications and Applications of Agency and Related Theories[J]. *Journal of Marketing*, 1992, 56 (3): 1 - 24.

[39] Berndt, T. J., Perry, T. B. Children's Perceptions of Friendships as Supportive Relationships[J]. *Developmental Psychology*, 1986, 22 (5): 640 - 648.

[40] Bernstein, D. *Company Image and Reality: A Critique of Corporate Communications*. Eastbourne, UK: Holt, Rinehart & Winston, 1984.

[41] Berthon, P., Pitt, L. F., Ewing, M. T., Bakkeland, G. Norms and Power in Marketing Relationships: Alternative Theories and Empirical Evidence[J]. *Journal of Business Research*, 2003, 56 (9): 699 - 709.

[42] Bettencourt, L. A., Gwinner, K., Meuter, M. L. A Comparison of Attitude, Personality, and Knowledge Predictors of Service - oriented Organizational Citizenship Behaviors [J]. *Journal of Applied Psychology*, 2001, 86 (1): 29 - 41.

[43] Biddle, B. J. *Role Theory: Expectations, Identities, and Behaviors*. New York, US: Academic Press, 1979.

[44] Biddle, B. J. Recent Developments in Role Theory [J]. *Annual Review of Sociology*, 1986, 12: 67 - 92.

[45] Bigelow, B. J. Children's Friendship Expectations: A Cognitive - Developmental Study[J]. *Child Development*, 1977, 48 (1): 246 - 253.

[46] Blancero, D., Ellram, L. Strategic Supplier Partnering: A

Psychological Contract Perspective [J]. *International Journal of Physical Distribution and Logistics Management*, 1997, 2 (9/10): 616 - 629.
[47] Blodgett, J. G., Granbois, D. H., Walters, R. G. The Effects of Perceived Justice on Complainants' Negative Word - of - Mouth Behavior and Repatronage Intentions[J]. *Journal of Retailing*, 1993, 69 (4): 399 - 428.
[48] Bolino, M. C., Turnley, W. H., Bloodgood, J. M. Citizenship Behavior and the Creation of Social Capital in Organizations[J]. *The Academy of Management Review*, 2002, 27 (4): 505 - 522.
[49] Bolton, R. N., Lemon, K. N. A Dynamic Model of Customers' Usage of Services: Usage as an Antecedent and Consequence of Satisfaction [J]. *Journal of Marketing Research*, 1999, 36 (2): 171 - 186.
[50] Bond, E. U., Walker, B. A., Hutt, M. D., Reingen, P. H. Reputational Effectiveness in Cross - Functional Working Relationships[J]. *Journal of Product Innovation Management*, 2004, 21 (1): 44 - 60.
[51] Bove, L. L., Pervan, S. J., Beatty, S. E., Shiu, E. Service Worker Role in Encouraging Customer Organizational Citizenship Behaviors[J]. *Journal of Business Research*, 2009, 62 (7): 698 - 705.
[52] Bresman, H., Birkinshaw, J., Nobel, R. Knowledge Transfer in International Acquisitions[J]. *Journal of International Business Studies*, 1999, 30 (3): 439 - 462.
[53] Brickson, S. L. Organizational Identity Orientation: Forging a Link between Organizational Identity and Organizations'

Relations with Stakeholders [J]. *Administrative Science Quarterly*, 2005, 50 (4): 576 - 609.

[54] Brief, A. P., Motowidlo, S. J. Prosocial Organizational Behaviors [J]. *Academy of Management Review*, 1986, 11 (4): 710 - 725.

[55] Bromely, D. B. *Reputation, Image and Impression Management*. London, UK: Wiley, 1993.

[56] Brown, J. R., Cobb, A. T., Lusch, R. F. The Roles Played by Interorganizational Contracts and Justice in Marketing Channel Relationships [J]. *Journal of Business Research*, 2006, 59 (2): 166 - 175.

[57] Brown, J. R., Dev, C. S., Lee, D. -J. Managing Marketing Channel Opportunism: The Efficacy of Alternative Governance Mechanisms[J]. *Journal of Marketing*, 2000, 64 (2): 51 - 65.

[58] Brown, J. R., Lusch, R. F., Muehling, D. D. Conflict and Power - Dependence Relations in Retailer - Supplier Channels [J]. *Journal of Retailing*, 1983, 59 (4): 53 - 80.

[59] Brown, J. R., Lusch, R. F., Smith, L. P. Conflict and Satisfaction in an Industrial Channel of Distribution[J]. *International Journal of Physical Distribution and Logistics Management*, 1991, 21 (6): 15 - 26.

[60] Brown, T. J., Barry, T. E., Dacin, P. A., Gunst, R. F. Spreading the Word: Investigating Antecedents of Consumers' Positive Word - of - Mouth Intentions and Behaviors in a Retailing Context [J]. *Journal of the Academy of Marketing Science*, 2005, 33 (2): 123 - 138.

[61] Brown, T. J., Dacin, P. A., Pratt, M. G., Whetten, D.

A. Identity, Intended Image, Construed Image, and Reputation: An Interdisciplinary Framework and Suggested Terminology[J]. *Journal of the Academy of Marketing Science*, 2006, 34 (2): 99 - 106.

[62] Bukowski, W. M., Boivin, M., Hoza, B. Measuring Friendship Quality during Pre - and Early - Adolescence: The Development and Psychometric Properties of the Friendship Qualities Scale[J]. *Journal of Social and Personal Relationships*, 1994, (2): 471 - 484.

[63] Burke, P. J. The Measurement of Role Identity[J]. *Social Forces*, 1977, 55 (4): 881 - 897.

[64] Burke, P. J. The Self: Measurement Implications from a Symbolic Interactionist Perspective[J]. *Social Psychology Quarterly*, 1980, 43 (1): 18 - 29.

[65] Cannon, J. P., Achrol, R. S., Gundlach, G. T. Contracts, Norms, and Plural Form Governance[J]. *Journal of the Academy of Marketing Science*, 2000, 28 (2): 180 - 194.

[66] Chin, W. W. The Partial Least Square Approach to Structural Equation Modeling. In *Modern Methods for Business Research*, Ed. Marcoulides, G. A. Mahwah, NJ, US: Lawrence Erlbaum Associates, 1998, 295 - 336.

[67] Chin, W. W., Newsted, P. R. Structural Equation Modeling Analysis with Small Samples Using Partil Least Squares. In *Statistical Strategies for Small Sample Research*, Ed. by Hoyle, R. H. Thousand Oaks, CA: Sage, 1999, 307 - 341.

[68] Chiou, J. - S., Hsieh, C. - H., Yang, C. - H. The Effect of Franchisors' Communication, Service Assistance, and Competitive Advantage on Franchisees' Intentions to Remain

in the Franchise System[J]. *Journal of Small Business Management*, 2004, 42 (1): 19 - 36.

[69] Claycomb, V. C., Frankwick, G. L. The Dynamics of Buyers' Perceived Costs during the Relationship Development Process [J]. *Journal of Business - to - Business Marketing*, 1997, 4 (1): 1 - 37.

[70] Cohen, J. *Statistical Power Analysis for the Behavioral Science* (2nd Edition). NJ, US: Hillsdale, Lawrence Erlbaum Associates, 1988.

[71] Colgate, M. R., Danaher, P. J. Implementing a Customer Relationship Strategy: The Asymmetric Impact of Poor versus Excellent Execution[J]. *Journal of the Academy of Marketing Science*, 2000, 28 (3): 375 - 387.

[72] Colquitt, J. A., Scott, B. A., A., L. J. Trust, Trustworthiness, and trust Propensity: A Meta - Analytic Test of Their Unique Relationships with Risk Taking and Job Performance[J]. *Journal of Applied Psychology*, 2007, 92 (4): 909 - 927.

[73] Combs, J. G., Michael, S. C., Castrogiovanni, G. J. Franchising: A Review and Avenues to Greater Theoretical Diversity [J]. *Journal of Management*, 2004, 30 (6): 907 - 931.

[74] Coomber, B., Barriball, K. L. Impact of Job Satisfaction Components on Intent to Leave and Turnover for Hospital - Based Nurses: A Review of the Research Literature[J]. *International Journal of Nursing Studies*, 2007, 44 (2): 297 - 314.

[75] Cornelissen, J. P. On the "Organizational Identity" Metaphor [J]. *British Journal of Management*, 2002, 13 (3): 259 - 268.

[76] Cornelissen, J. P. Beyond Compare: Metaphor in Organization Theory [J]. *Academy of Management Review*, 2005, 30 (4): 751 - 764.
[77] Cornelissen, J. P. Metaphor and the Dynamics of Knowledge in Organization Theory: A Case Study of the Organizational Identity Metaphor[J]. *Journal of Management Studies*, 2006, 43 (4): 683 - 709.
[78] Cornelissen, J. P., Haslam, S. A., Balmer, J. M. T. Social Identity, Organizational Identity and Corporate Identity: Towards an Integrated Understanding of Processes, Patternings and Products [J]. *British Journal of Management*, 2007, 18 (Supplement 1): 1 - 16.
[79] Cropanzano, R., Mitchell, M. S. Social Exchange Theory: An Interdisciplinary Review [J]. *Journal of Management*, 2005, 31 (6): 874 - 900.
[80] Crosby, L. A., Evans, K. R., Cowles, D. Relationship Quality in Services Selling: An Interpersonal Influence Perspective[J]. *Journal of Marketing*, 1990, 54 (3): 68 - 81.
[81] Cullinane, N., Dundon, T. The Psychological Contract: A Critical Review [J]. *International Journal of Management Reviews*, 2006, 8 (2): 113 - 129.
[82] Curry, T. J., Emerson, R. M. Balance Theory: A Theory of Interpersonal Attraction[J]. *Sociametry*, 1970, 33 (2): 216 - 238.
[83] Daft, R. L., Lengel, R. H. Organizational Information Requirements, Media Richness, and Structural Design [J]. *Management Science*, 1986, 32 (5): 554 - 571.
[84] Danaher, P. J., Rust, R. T. Indirect Financial Benefits from

Service Quality[J]. *Quality Management Journal*, 1996, 3 (2): 63-75.

[85] Dant, R., Schul, P. L. Conflict Resolution Processes in Contractual Channels of Distribution [J]. *Journal of Marketing*, 1992, 56 (1): 38-54.

[86] Dant, R. P., Berger, P. D. Modelling Cooperative Advertising Decisions in Franchising[J]. *Journal of the Operational Research Society*, 1996, 47 (9): 1120-1136.

[87] Dant, R. P., Gundlach, G. T. The Challenge of Autonomy and Dependence in Franchised Channels of Distribution[J]. *Journal of Business Venturing*, 1998, 14 (1): 35-67.

[88] De Wulf, K., Odekerken-Schröder, G., Iacobucci, D. Investments in Consumer Relationships: A Cross-Country and Cross-Industry Exploration [J]. *Journal of Marketing*, 2001, 65 (4): 33-50.

[89] Dhanaraj, C., Lyles, M. A., Steensma, H. K., Tihanyi, L. Managing Tacit and Explicit Knowledge Transfer in IJVs: The Role of Relational Embeddedness and the Impact on Performance [J]. *Journal of International Business Studies* 2004, 35 (5): 428-442.

[90] Digeser, P. E. Friendship between States[J]. *British Journal of Political Science*, 2008, 39 (2): 323-344.

[91] Doney, P. M., Cannon, J. P. An Examination of the Nature of Trust in Buyer-Seller Relationships[J]. *Journal of Marketing*, 1997, 61 (2): 35-51.

[92] Dore, R. Goodwill and the Spirit of Market Capitalism[J]. *The British Journal of Sociology*, 1983, 34 (4): 459-482.

[93] Duncan, T., Moriarty, S. E. A Communication-Based

Marketing Model for Managing Relationships[J]. *Journal of Marketing*, 1998, 62 (2): 1-13.

[94] Dutton, J. E., Dukerich, J. M., Harquail, C. V. Organizational Images and Member Identification[J]. *Administrative Science Quarterly*, 1994, 39 (2): 239-263.

[95] Dwyer, F. R. Channel - Member Satisfaction: Laboratory Insights[J]. *Journal of Retailing*, 1980, 56 (2): 45-65.

[96] Dwyer, F. R., Gassenheimer, J. B. Relational Roles and Triangle Dramas: Effects on Power Play and Sentiments in Industrial Channels[J]. *Marketing Letters*, 1992, 3 (2): 187-200.

[97] Dwyer, F. R., Oh, S. Output Sector Munificence Effects on the Internal Political Economy of Marketing Channels[J]. *Journal of Marketing Research*, 1987, 24 (4): 347-358.

[98] Dwyer, F. R., Schurr, P. H., Oh, S. Developing Buyer - Seller Relationships[J]. *Journal of Marketing*, 1987, 51 (2): 11-27.

[99] Egan, T. M., Yang, B., Bartlett, K. R. The Effects of Organizational Learning Culture and Job Satisfaction on Motivation to Transfer Learning and Turnover Intention[J]. *Human Resource Development Quarterly*, 2004, 15 (3): 279-301.

[100] Eisenhardt, K. M. Agency Theory: An Assessment and Review[J]. *Academy of Management Review*, 1989, 14 (1): 57-74.

[101] Elbashir, M. Z., Collier, P. A., Sutton, S. G. The Role of Organizational Absorptive Capacity in Strategic Use of Business Intelligence to Support Integrated Management Control Systems[J]. *The Accounting Review*, 2011, 86

(1): 155 - 184.

[102] Elsbach, K. D. An Expanded Model of Organizational Identification. In *Research in Organizational Behavior*, Ed. by Sutton, R. I. and Staw, B. M. US: Elsevier Science/JAI Press, 1999, 21, 163 - 199.

[103] Emerson, R. M. Social Exchange Theory[J]. *Annual Review of Sociology*, 1976, 2: 335 - 362.

[104] Eyuboglu, N., Buja, A. Quasi - Darwinian Selection in Marketing Relationships[J]. *Journal of Marketing*, 2007, 71 (4): 48 - 62.

[105] Feinman, J. M. Relational Contract Theory in Context[J]. *Northwestern University Law Review*, 2000, 94 (3): 737 - 748.

[106] File, K. M., Cermak, D. S. P., Prince, R. A. Word - of Mouth Effects in Professional Services Buyer Behavior[J]. *The Service Industries Journal*, 1994, 14 (3): 301 - 314.

[107] Fornell, C., Bookstein, F. Two Structural Equations Models: LISREL and PLS applied to Consumer Exit - Voice Theory[J]. *Journal of Marketing Research*, 1982, 18 (4): 39 - 50.

[108] Fornell, C., Cha, J. Partial Least Squares. In *Advanced Methods of Marketing Research*, Ed. by Bagozzi, R. P. Cambridge, MA: Basil Blackwell, 1994, 52 - 78.

[109] Fornell, C., Larcker, D. F. Evaluating Structural Equation Models with Unobservable Variables and Measurement Error [J]. *Journal of Marketing Research*, 1981, 18 (1): 39 - 50.

[110] Fournier, S., Mick, D. G. Rediscovering Satisfaction[J]. *Journal of Marketing*, 1999, 63 (4): 5 - 23.

[111] Frazier, G. L. International Exchange Behavior of Marketing Channels: A Broadened Perspective[J]. *Journal of Marketing*, 1983, 47 (4): 68－78.

[112] Frazier, G. L., Gill, J. D., Kale, S. H. Dealer Dependence Levels and Reciprocal Actions in a Channel of Distribution in a Developing Country[J]. *Journal of Marketing*, 1989, 53 (1): 50－69.

[113] Frazier, G. L., Spekman, R. E., O'Neal, C. R. Just－in－Time Exchange Relationships in Industrial Markets[J]. *Journal of Marketing*, 1988, 52 (4): 52－67.

[114] Ganesan, S. Determinants of Long－Term Orientation in Buyer－Seller Relationships[J]. *Journal of Marketing*, 1994, 58 (2): 1－19.

[115] Garg, V. K., Rasheed, A. A., Priem, R. L. Explaining Franchisors' Choices of Organization Forms within Franchise Systems[J]. *Strategic Organization*, 2005, 3 (2): 185－217.

[116] Gaski, J. F., Nevin, J. R. The Differential Effects of Exercised and Unexercised Power Sources in a Marketing Channel[J]. *Journal of Marketing Research*, 1985, 22 (2): 130－142.

[117] Gassenheimer, J. B., Baucus, D. B., Baucus, M. S. Cooperative Arrangements among Entrepreneurs: An Analysis of Opportunism and Communication in Franchise Structures [J]. *Journal of Business Research*, 1996, 36 (1): 67－79.

[118] Gencturk, E. F., Aulakh, P. S. Norms－ and Control－Based Governance of International Manufacturer－Distributor Relational Exchanges[J]. *Journal of International Marketing*, 2007, 15 (1): 92－126.

[119] Geyskens, I., Steenkamp, J. -B. E. M. Economic and Social Satisfaction: Measurement and Relevance to Marketing Channel Relationships[J]. *Journal of Retailing*, 2000, 76 (1): 11-23.
[120] Geyskens, I., Steenkamp, J. -B. E. M., Kumar, N. Generalizations about Trust in Marketing Channel Relationships using Meta-Analysis [J]. *International Journal of Research in Marketing*, 1998, 15 (3): 223-248.
[121] Geyskens, I., Steenkamp, J. -B. E. M., Kumar, N. A Meta-Analysis of Satisfaction in Marketing Channel Relationships[J]. *Journal of Marketing Research*, 1999, 36 (2): 223-238.
[122] Geyskens, I., Steenkamp, J. -B. E. M., Scheer, L. K., Kumar, N. The Effects of Trust and Interdependence on Relationship Commitment: A Trans-Atlantic Study[J]. *International Journal of Research in Marketing*, 1996, 13 (4): 303-317.
[123] Ghoshal, S., Moran, P. Bad for Practice: A Critique of the Transaction Cost Theory[J]. *Academy of Management Review*, 1996, 21 (1): 13-47.
[124] Giola, D. A., Schultz, M., Corley, K. G. Organizational Identity, Image, and Adaptive Instability[J]. *Academy of Management Review*, 2000, 25 (1): 63-81.
[125] Goodwin, C. Communality as a Dimension of Service Relationships[J]. *Journal of Consumer Psychology*, 1996, 5 (4): 387-415.
[126] Graham, J. W. An Essay on Organizational Citizenship Behavior[J]. *Employee Responsibilities and Rights Journal*,

1991, 4 (4): 249 - 270.

[127] Grayson, K. Friendship versus Business in Marketing Relationships [J]. *Journal of Marketing*, 2007, 71 (4): 121 - 139.

[128] Groth, M. Customers as Good Soldiers: Examining Citizenship Behaviors in Internet Service Delivers[J]. *Journal of Management*, 2005, 31 (1): 7 - 27.

[129] Grunbagen, M., Dorsch, M. J. Does the Franchisor Provide Value to Franchisees? Past, Current, and Future Value Assessments of Two Franchisee Types[J]. *Journal of Small Business Management*, 2003, 41 (4): 366 - 384.

[130] Gu, F. F., Kim, N., Tse, D. K., Wang, D. T. Managing Distributors' Changing Motivations over the Course of a Joint Sales Program[J]. *Journal of Marketing*, 2010, 74 (5): 32 - 47.

[131] Gudel, P. J. Relational Contract Theory and the Concept of Exchange[J]. *Buffalo Law Review*, 1998, 46 (3): 763 - 798.

[132] Gundlach, G. T., Achrol, R. S. Governance in Exchange: Contract Law and its Alternatives [J]. *Journal of Public Policy and Marketing*, 1993, 12 (2): 141 - 155.

[133] Gundlach, G. T., Achrol, R. S., Mentzer, J. T. The Structure of Commitment in Exchange[J]. *Journal of Marketing*, 1995, 59 (1): 78 - 92.

[134] Hatch, M. J., Schultz, M. The Dynamics of Organizational Identity [J]. *Human Relations*, 2002, 55 (8): 989 - 1018.

[135] Haytko, D. L. Firm - to - Firm and Interpersonal Relationships: Perspectives from Advertising Agency Account Man-

agers[J]. *Journal of the Academy of Marketing Science*, 2004, 32 (3): 312-328.

[136] Heide, J. B. Governance in Marketing Channels[J]. *Journal of Marketing*, 1994, 58 (1): 71-85.

[137] Heide, J. B., John, G. Do Norms Matter in Marketing Relationships? [J]. *Journal of Marketing*, 1992, 56 (2): 32-44.

[138] Heide, J. B., Wathne, K. H. Friends, Businesspeople, and Relationship Roles: A conceptual framework and a Research Agenda[J]. *Journal of Marketing*, 2006, 70 (3): 90-103.

[139] Hellman, C. M. Job Satisfaction and Intent to Leave[J]. *Journal of Social Psychology*, 1997, 137 (6): 677-689.

[140] Herr, P. M., Kardes, F. R., Kim, J. Effects of Word-of-Mouth and Product-Attribute Information on Persuasion: An Accessibility-Diagnosticity Perspective[J]. *Journal of Consumer Research*, 1991, 17 (4): 454-462.

[141] Hewett, K., Bearden, W. O. Dependence, Trust, and Relational Behavior on the Part of Foreign Subsidiary Marketing Operations: Implications for Managing Global Marketing Operations[J]. *Journal of Marketing*, 2001, 65 (4): 51-66.

[142] Howard, J. A. Social Psychology of Identities[J]. *Annual Review of Sociology*, 2000, 26: 367-393.

[143] Hui, C., Lam, S. S. K., Schaubroeck, J. Can Good Citizens Lead the Way in Providing Quality Service? A Field Quasi Experiment[J]. *Academy of Management Journal*, 2001, 44 (5): 988-995.

[144] Hulland, J. Use of Partial Least Squares (PLS) in Strategic Management Research: A Review of Four Recent Studies

[J]. *Strategic Management Journal*, 1999, 20 (2): 195 - 204.
[145] Hunt, S. D., Nevin, J. R. Power in a Channel of Distribution: Sources and Consequences[J]. *Journal of Marketing Research*, 1974, 11 (2): 186 - 193.
[146] Igbaria, M., Zinatelli, N., Cragg, P. Personal Computing Acceptance Factors in Small Firms: A Structural Equation Mode[J]. *MIS Quarterly*, 1997, 21 (3): 279 - 305.
[147] Ivens, B. S. How Relevant Are Different Forms of Relational Behavior? An Empirical Test Based on Macneil's Exchange Framework[J]. *Journal of Business and Industrial Marketing*, 2004, 19 (5): 300 - 309.
[148] Ivens, B. S., Blois, K. J. Relational Exchange Norms in Marketing: A Critical Review of Macneil's Contribution[J]. *Marketing Theory*, 2004, 4 (3): 239 - 263.
[149] Jap, S. D., Ganesan, S. Control Mechanisms and the Relationship Life Cycle: Implications for Safeguarding Specific Investments and Developing Commitment [J]. *Journal of Marketing Research*, 2000, 37 (2): 227 - 245.
[150] John, J. Referent Opinion and Health Care Satisfaction[J]. *Journal of Health Care Marketing*, 1994, 14 (2): 24 - 30.
[151] Joshi, A. W. Continuous Supplier Performance Improvement: Effects of Collaborative Communication and Control [J]. *Journal of Marketing*, 2009, 73 (1): 133 - 150.
[152] Kale, S. H. Dealer Perception of Manufacturer Power and Influence Strategies in a Developing Country[J]. *Journal of Marketing Research*, 1986, 23 (4): 387 - 393.
[153] Kalnins, A., Mayer, K. J. Franchising, Ownership, and

Experience: A Study of Pizza Restaurant Survival[J]. *Management Science*, 2004, 50 (12): 1716 – 1728.

[154] Karim, J. Emotional Labor and Psychological Distress: Testing the Mediatory Role of Work – Family Conflict[J]. *European Journal of Social Sciences*, 2009, 11 (4): 584 – 598.

[155] Kaufmann, P. J. Commercial Exchange Relationships and the "Negotiator's Dilemma" [J]. *Negotiation Journal*, 1987, 3 (1): 73 – 80.

[156] Kaufmann, P. J., Dant, R. P. The Dimensions of Commercial Exchange[J]. *Marketing Letters*, 1992, 3 (2): 171 – 185.

[157] Kaufmann, P. J., Dant, R. P. The Pricing of Franchise Rights[J]. *Journal of Retailing*, 2001, 77 (4): 537 – 545.

[158] Kaufmann, P. J., Rangan, V. K. A Model for Managing System Conflict during Franchise Expansion[J]. *Journal of Retailing*, 1990, 66 (2): 155 – 173.

[159] Kaufmann, P. J., Stern, L. W. Relational Exchange Norms, Perceptions of Unfairness, and Retained Hostility in Commercial Litigation [J]. *Journal of Conflict Resolution*, 1988, 32 (3): 534 – 552.

[160] King, W. C. J., Miles, E. W. The Measurement of Equity Sensitivity[J]. *Journal of Occupational and Organizational Psychology*, 1994, 67 (2): 133 – 142.

[161] Kingshott, R. P. J. The Impact of Psychological Contracts upon Trust and Commitment within Supplier – buyer Relationships: A Social Exchange View[J]. *Industrial Marketing Management*, 2006, 35 (6): 724 – 739.

[162] Knippenberg, D. V., Schie, E. C. M. V. Foci and Correlates of Organizational Identification[J]. *Journal of Occupational and Organizational Psychology*, 2000, 73 (2): 137-147.

[163] Koehn, D. Can and Should Business Be Friends with One Another and with their Stakeholders[J]. *Journal of Business Ethics*, 1998, 17 (15): 1755-1763.

[164] Konovsky, M. A., Pugh, S. D. Citizenship Behavior and Social Exchange[J]. *The Academy of Management Journal*, 1994, 37 (3): 656-669.

[165] Koza, K. L., Dant, R. P. Effects of Relationship Climate, Control Mechanism, and Communications on Conflict Resolution Behavior and Performance Outcomes[J]. *Journal of Retailing*, 2007, 83 (3): 279-296.

[166] Kozinets, R. V., Valck, K. D., Wojnicki, A. C., Wilner, S., J. S. Networked Narratives: Understanding Word-of-Mouth Marketing in Online Communities[J]. *Journal of Marketing*, 2010, 74 (2): 71-89.

[167] Kumar, N., Scheer, L. K., Steenkamp, J.-B. E. M. The Effects of Supplier Fairness on Vulnerable Resellers[J]. *Journal of Marketing Research*, 1995a, 32 (1): 54-65.

[168] Kumar, N., Scheer, L. K., Steenkamp, J.-B. E. M. The Effects of Perceived Interdependence on Dealer Attitudes [J]. *Journal of Marketing Research*, 1995b, 32 (3): 348-356.

[169] Kumar, N., Stern, L. W., Achrol, R. S. Assessing Reseller Performance from the Perspective of the Supplier[J]. *Journal of Marketing Research*, 1992, 29 (2): 238-253.

[170] Lafontaine, F. Contractual Arrangements as Signaling Devices: Evidence from Franchising[J]. *Journal of Law, Economics and Organization*, 1993, 9 (2): 256 - 289.

[171] Lafontaine, F., Shaw, K. L. Franchising Growth and Franchisor Entry and Exit in the U.S. Market: Myth and Reality[J]. *Journal of Business Venturing*, 1998, 13 (2): 95 - 112.

[172] Lambe, C. L., Michael, W. C., Spekman, R. E. Social Exchange Theory and Research on Business - to - Business Relational Exchange[J]. *Journal of Business - to - Business Marketing*, 2001, 8 (3): 1 - 36.

[173] Leuthesser, L., Kohli, A. K. Relational Behavior in Business Markets Implications for Relationship Management[J]. *Journal of Business Research*, 1995, 34 (3): 221 - 233.

[174] Llewellyn, N. The Role of Psychological Contracts within Internal Service Networks[J]. *The Service Industries Journal*, 2001, 21 (1): 211 - 226.

[175] Lusch, R. F. Sources of Power: Their Impact on Intrachannel Conflict[J]. *Journal of Marketing Research*, 1976, 13 (3): 382 - 390.

[176] Lusch, R. F., Brown, James R. Interdependency, Contracting, and Relational Behavior in Marketing Channels[J]. *Journal of Marketing*, 1996, 60 (4): 19 - 38.

[177] Lusch, R. F., Vargo, S. L. Service - Dominant Logic: Reactions, Reflections and Refinements[J]. *Marketing Theory*, 2006, 6 (3): 281 - 288.

[178] Lyons, B. R. Empirical Relevance of Efficient Contract Theory: Inter - Firm Contracts[J]. *Oxford Review of Econom-*

ic *Policy*, 1996, 12 (4): 27 - 52.

[179] Macaulay, S. Non - Contractual Relations in Business: A Preliminary Study [J]. *American Sociological Review*, 1963, 28 (1): 55 - 67.

[180] Macaulay, S. An Empirical View of Contract[J]. *Wisconsin Law Review*, 1985, (3): 465 - 482.

[181] MacCallum, R. C., Austin, J. T. Applications of Structural Equation Modeling in Psychological Research [J]. *Annual Review of Psychology*, 2000, 51 (1): 201 - 226.

[182] MacKenzie, S. B., Podsakoff, P. M., Ahearne, M. Some Possible Antecedents and Consequences of In - Role and Extra - Role Salesperson Performance[J]. *Journal of Marketing*, 1998, 62 (3): 87 - 98.

[183] MacNeil, I. R. *The New Social Contract: An Inquiry into Modern Contractual Relations*. New Haven: Yale University Press, 1980.

[184] MacNeil, I. R. Economic Analysis of Contractual Relations: Its Shortfalls and the Need for A "Rich Classificatory Apparatus"[J]. *Northwestern University Law Review*, 1981, 75 (6): 1018 - 1063.

[185] MacNeil, I. R. Values in Contract: Internal and External [J]. *Northwestern University Law Review*, 1983, 78 (2): 340 - 418.

[186] Mael, F. A., Tetrick, L. E. Identifying Organizational Identification[J]. *Educational and Psychological Measurement*, 1992, 52 (4): 813 - 824.

[187] Mangold, W. G., Miller, F., Brockway, G. R. Word - of - Mouth Communication in the Service Marketplace[J]. *Journal*

of Service Marketing, 1999, 13 (1): 73 - 89.

[188] Mavondo, F. T. Environment and Strategy as Antecedents for Marketing Effectiveness and Organizational Performance [J]. *Journal of Strategic Marketing*, 1999, 7 (4): 237 - 250.

[189] Mead, G. H. *Mind, Self and Society*. Chicago, IL: University of Chicago Press, 1934.

[190] Mendelson, M. J., Abound, F. E. Measuring Friendship Quality in Late Adolescents and Young Adults: McGill Friendship Questionnaires [J]. *Canadian Journal of Behavioural Science*, 1999, 31 (2): 130 - 132.

[191] Mohr, J., Spekman, R. Characteristics of Partnership Success: Partnership Attributes, Communication Behavior, and Conflict Resolution Techniques [J]. *Strategic Management Journal*, 1994, 15 (2): 135 - 152.

[192] Mohr, J. J., Fisher, R. J., Nevin, J. R. Collaborative Communication in Interfirm Relationships: Moderating Effects of Integration and Control[J]. *Journal of Marketing*, 1996, 60 (3): 103 - 115.

[193] Mohr, J. J., Sohi, R. S. Communication Flows in Distribution Channels: Impact on Assessments of Communication Quality and Satisfaction[J]. *Journal of Retailing*, 1995, 71 (4): 393 - 416.

[194] Monroe, K. R., Hankin, J., Van Vechten, R. B. The Psychological Foundations of Identity Politics[J]. *Annual Review of Political Science*, 2000, 3: 419 - 447.

[195] Monroy, M. F., Alzola, L. M. An Analysis of Quality Management in Franchise Systems[J]. *European Journal of*

Marketing, 2005, 39 (5/6): 585 - 605.

[196] Montgomery, J. D. Toward a Role - Theoretic Conception of Embeddedness [J]. *American Journal of Sociology*, 1998, 104 (1): 92 - 125.

[197] Morgan, R. M., Hunt, S. D. The Commitment - Trust Theory of Relationship Marketing[J]. *Journal of Marketing*, 1994, 58 (3): 20 - 38.

[198] Morgeson, F. P., Hofmann, D. A. The Structure and Function of Collective Constructs: Implications for Multilevel Research and Theory Development [J]. *Academy of Management Review*, 1999, 24 (2): 249 - 265.

[199] Morrison, K. A. How Franchise Job Satisfaction and Personality Affects Performance, Organizational Commitment, Franchisor Relations, and Intention to Remain[J]. *Journal of Small Business Management*, 1997, 35 (3): 39 - 67.

[200] Motowidlo, S. J. Some Basic Issues Related to Contextual Performance and Organizational Citizenship Behavior in Human Resource Management[J]. *Human Resource Management Review*, 2000, 10 (1): 115 - 126.

[201] Mummendey, A., Klink, A., Brown, R. Nationalism and Patriotism: National Identification and Out - Group Rejection[J]. *British Journal of Social Psychology*, 2001, 40 (2): 159 - 172.

[202] Murray, K. B. A Test of Services Marketing Theory: Consumer Information Acquisition Activities [J]. *Journal of Marketing*, 1991, 55 (1): 10 - 25.

[203] Musil, C. M., Jones, S. L., Warner, C. D. Structural Equation Modeling and Its Relationship to Multiple Regression and

Factor Analysis[J]. *Research in Nursing and Health*, 1998, 21 (3): 271-281.
[204] Narayandas, D., Rangan, V. K. Building and Sustaining Buyer-Seller Relationships in Mature Industrial Markets [J]. *Journal of Marketing*, 2004, 68 (3): 63-77.
[205] Netemeyer, R. G., Boles, J. S., McKee, D. O., McMurrian, R. An Investigation into the Antecedents of Organizational Citizenship Behaviors in a Personal Selling Context[J]. *Journal of Marketing*, 1997, 61 (3): 85-98.
[206] Noordewier, T. G., John, G., Nevin, J. R. Performance Outcomes of Purchasing Arrangements in Industrial Buyer-Vendor Relationships[J]. *Journal of Marketing*, 1990, 54 (4): 80-93.
[207] Oliver, R. L. A Cognitive Model of the Antecedents and Consequences of Satisfaction Decision[J]. *Journal of Marketing Research*, 1980, 7 (4): 460-469.
[208] Oliver, R. L., Rust, R. T., Varki, S. Customer Delight: Foundations, Findings, and Managerial Insight[J]. *Journal of Retailing*, 1997, 73 (3): 311-336.
[209] Olk, P. M., Gibbons, D. E. Dynamics of Friendship Reciprocity among Professional Adults[J]. *Journal of Applied Social Psychology*, 2010, 40 (5): 1146-1171.
[210] O'Reilly, C. A., Chatman, J. Organizational Commitment and Psychological Attachment: The Effects of Compliance, Identification, and Internalization on Prosocial Behavior[J]. *Journal of Applied Psychology*, 1986, 71 (3): 492-499.
[211] Organ, D. W. *Organizational Citizenship Behavior: The Good Solider Syndrome*. Lexington, MA: Lexington Books,

1988.
[212] Organ, D. W., Konovsky, M. Cognitive versus Affective Determinants of Organizational Citizenship Behavior [J]. *Journal of Applied Psychology*, 1989, 74 (1): 157 - 164.
[213] Ouwerkerk, J. W., Ellemers, N., De Gilder, D. Group Commitment and Individual Effort in Experimental and Organizational Contexts. In *Social Identity: Context, Commitment, Context*, Ed. Ellemers, N., Spears, R. and Doosje, B. Oxford, UK: Blackwell, 1999, 184 - 204.
[214] Palmatier, R. W., Dant, R. P., Grewal, D. A Comparative Longitudinal Analysis of Theoretical Perspective of Interorganizational Relationship Performance [J]. *Journal of Marketing*, 2007, 71 (4): 172 - 194.
[215] Palmatier, R. W., Dant, R. P., Grewal, D., Evans, K. R. Factors Influencing the Effectiveness of Relationship Marketing: A Meta - Analysis [J]. *Journal of Marketing*, 2006, 70 (4): 136 - 153.
[216] Palmatier, R. W., Scheer, L. K., Evans, K. R., Arnold, T. J. Achieving Relationship Marketing Effectiveness in Business - to - Business Exchanges [J]. *Journal of the Academy of Marketing Science*, 2008, 36 (2): 174 - 190.
[217] Parker, J. G., Asher, S. R. Friendship and Friendship Quality in Middle Childhood: Links with Peer Group Acceptance and Feelings of Loneliness and Social Dissatisfaction [J]. *Developmental Psychology*, 1993, 29 (4): 611 - 621.
[218] Paulin, M., Perrien, J., Ferguson, R. Relational Contract Norms and the Effectiveness of Commercial Banking Relationships [J]. *International Journal of Service Industry*

Management, 1997, 8 (5): 435 - 452.

[219] Perez - Nordtvedt, L., Kedia, B. L., Datta, D. K., Rasheed, A. A. Effectiveness and Efficiency of Cross - Border Knowledge Transfer: An Empirical Examination [J]. *Journal of Management Studies*, 2008, 45 (4): 714 - 744.

[220] Pizanti, I., Lerner, M. Examining Control and Autonomy in the Franchisor - Franchisee Relationship[J]. *International Small Business Journal*, 2003, 21 (2): 131 - 159.

[221] Podsakoff, P. M., MacKenzie, S. B., Lee, J. - Y. Common Method Biases in Behavioral Research: A Critical Review of the Literature and Recommended Remedies [J]. *Journal of Applied Psychology*, 2003, 88 (5): 879 - 903.

[222] Podsakoff, P. M., MacKenzie, S. B., Paine, J. B., Bachrach, D. G. Organizational Citizenship Behaviors: A Critical Review of the Theoretical and Empirical Literature and Suggestions for Future Research[J]. *Journal of Management*, 2000, 26 (3): 513 - 563.

[223] Pondy, L. R. Organizational Conflict: Concepts and Models[J]. *Administrative Science Quarterly*, 1967, 12 (2): 296 - 320.

[224] Price, L., L., Arnould, E. J. Commerical Friendships: Service Provider - Client Relationships in Context[J]. *Journal of Marketing*, 1999, 63 (4): 38 - 56.

[225] Reichheld, F. F., Sasser, W. E. Zero Defections: Quality Comes to Services[J]. *Harvard Business Review*, 1990, 68 (September - October): 105 - 111.

[226] Reynolds, K. E., Beatty, S. E. Customer Benefits and Company Consequences of Customer - Salesperson Relation-

ships in Retailing[J]. *Journal of Retailing*, 1999, 75 (1): 11 - 32.

[227] Riketta, M., Van Dick, R. Foci of Attachment in Organizations: A Meta - Analytic Comparison of the Strength and Correlates of Workgroup versus Organizational Identification and Commitment [J]. *Journal of Vocational Behavior*, 2005, 67 (3): 490 - 510.

[228] Robicheaux, R. A., EI - Ansary, A. I. A General Model for Understanding Channel Member Behavior[J]. *Jounal of Retailing*, 1975, 52 (4): 13 - 30.

[229] Robinson, S. L. Trust and Breach of the Psychological Contract[J]. *Administrative Science Quarterly*, 1996, 41 (4): 574 - 599.

[230] Robinson, S. L., Kraatz, M. S., Rousseau, D. M. Changing Obligations and the Psychological Contract: A Longitudinal Study[J]. *Academy of Management Journal*, 1994, 37 (1): 137 - 153.

[231] Robinson, S. L., Rousseau, D. M. Violating the Psychological Contract: Not the Exception but the Norm[J]. *Journal of Organizational Behavior*, 1994, 15 (3): 245 - 259.

[232] Rodriguez, I. R. D. B., Agudo, J. C., Gutierrez, H. S. M. Determinants of Economic and Social Satisfaction in Manufacturer - Distributor Relationships [J]. *Industrial Marketing Management*, 2006, 35 (6): 666 - 675.

[233] Roehling, M. V. The Origins and Early Development of the Psychological Contract[J]. *Journal of Management History*, 1997, 3 (2): 204 - 217.

[234] Rousseau, D. M. Psychological and Implied Contracts in Or-

ganizations[J]. *Employee Responsibilities and Rights Journal*, 1989, 2 (2): 121 - 140.

[235] Rousseau, D. M. *Psychological Contracts in Organizations: Understanding Written and Unwritten Agreements*. Newbury Park, CA: Sage, 1995.

[236] Rubin, P. *Managing Business Transactions*. New York: The Free Press, 1990.

[237] Ruekert, R. W., Churchill, G. A. J. Reliability and Validity of Alternative Measures of Channel Member Satisfaction [J]. *Journal of Marketing Research*, 1984, 21 (2): 226 - 233.

[238] Scheer, L. K., Kumar, N., Steenkamp, J. - B. E. B. M. Reactions to Perceived Inequity in U.S. and Dutch Interorganizational Relationships [J]. *Academy of Management Journal*, 2003, 46 (3): 303 - 316.

[239] Scheer, L. K., Stern, L. W. The Effect of Influence Type and Performance Outcomes on Attitude toward the Influencer [J]. *Journal of Marketing Research*, 1992, 29 (1): 128 - 142.

[240] Schonsheck, J. Business Friendships: Aristotole, Kant and Other Management Theorists on the Practice of Networking [J]. *Business Ethics Quarterly*, 2000, 10 (4): 897 - 910.

[241] Schramm, W. *Men, Messages, and Media: A Look at Human Communication*. New York: Harper & Row, 1973.

[242] Schwartz, S. J. A New Identity for Identity Research: Recommendations for Expanding and Refocusing the Identity Literature[J]. *Journal of Adolescent Research*, 2005, 20 (3): 293 - 308.

[243] Scott, J. Rational Choice Theory. In *Understanding Contemporary Society: Theories of the Present*, Ed. by Browning, G., Halcli, A. and Webster, F. London: Sage Publications, 2000, 126 - 138.

[244] Shane, S. A. Hybrid Organizational Arrangements and their Implications for Firm Growth and Survival: A Study of New Franchisors [J]. *The Academy of Management Journal*, 1996, 39 (1): 216 - 234.

[245] Siguaw, J. A., P.M., S., Baker, T. L. Effects of Supplier Market Orientation on Distributor Market Orientation and the Channel Relationship: The Distributor Perspective [J]. *Journal of Marketing*, 1998, 62 (3): 99 - 111.

[246] Silver, A. Friendship in Commercial Society: Eighteenth - Century Society Theory and Modern Sociology [J]. *The American Journal of Sociology*, 1990, 95 (6): 1474 - 1504.

[247] Simonin, B. L. Transfer of Marketing Know - How in International Strategic Alliances: An Empirical Investigation of the Role and Antecedents of Knowledge Ambiguity [J]. *Journal of International Business Studies*, 1999, 30 (3): 463 - 490.

[248] Sirdeshmukh, D., Singh, J., Sabol, B. Consumer Trust, Value, and Loyalty in Relational Exchanges[J]. *Journal of Marketing*, 2002, 66 (1): 15 - 37.

[249] Skinner, S. J., Gassenheimer, J. B., Kelley, S. W. Cooperation in Supplier - Dealer Relations[J]. *Journal of Retailing*, 1992, 68 (2): 174 - 193.

[250] Sorenson, O., Sørensen, J. B. Finding the Right Mix:

Franchising, Organizational Learning, and Chain Performance[J]. *Strategic Management Journal*, 2001, 22 (6 - 7): 713 - 724.

[251] Spector, P. E. Method Variance in Organizational Research: Truth or Urban Legend? [J]. *Organizational Research Methods*, 2006, 9 (2): 221 - 232.

[252] Spinelli, S., Birley, S. Toward a Theory of Conflict in the Franchise System [J]. *Journal of Business Venturing*, 1996, 11 (5): 329 - 342.

[253] Stets, J. E., Burke, P. J. Identity Theory and Social Identity Theory [J]. *Social Psychology Quarterly*, 2000, 63 (3): 224 - 237.

[254] Stryker, S. *Symbolic Interactionism: A Social Structural Version*. Menlo Park, California: Benjamin/Cummings Publish, 1980.

[255] Sultan, F., Farley, J. U., Lehmann, D. R. A Meta - Analysis of Applications of Diffusion Models[J]. *Journal of Marketing Research*, 1990, 27 (1): 70 - 77.

[256] Swan, J. E., Oliver, R. L. Postpurchase Communications by Consumers[J]. *Journal of Retailing*, 1989, 65 (4): 516 - 533.

[257] Tajfel, H., Turner, J. C. The Social Identity Theory of Intergroup Behavior. In *Psychology of Intergroup Relations*, Ed. by Worchel, S. and Austin, W. G. Chicago: Nelson - Hall, 1986, 7 - 24.

[258] Tett, R. P., Meyer, J. P. Job Satisfaction, Organizational Commitment, Turnover Intention, and Turnover: Path Analyses Based on Meta - Analytic Findings[J]. *Personnel Psychology*, 1993, 46 (2): 259 - 293.

[259] Tsang, E. W. K., Nguyen, D. T., Erramilli, M. K. Knowledge Acquisition and Performance of International Joint Ventures in the Transition Economy of Vietnam[J]. *Journal of International Marketing*, 2004, 12 (2): 82 - 103.

[260] Uehara, E. S. Reciprocity Reconsidered: Gouldner's "Moral Norm of Reciprocity" and Social Support[J]. *Journal of Social and Personal Relationships*, 1995, 12 (4): 483 - 502.

[261] Uzzi, B. Social Structure and Competition in Interfirm Networks: The Paradox of Embeddedness[J]. *Administrative Science Quarterly*, 1997, 42 (1): 35 - 67.

[262] Van Dyne, L., Cummings, L. L., Parks, J. M. Extra - role Behavior: In Pursuit of Construct and Definitional Clarity (A Bridge over Muddied Waters). In *Research in Organizational Behavior*, Ed. by Cummings, L. L. and Staw, B. M. Greenwich, CT: JAI Press, 1995, 17, 215 - 285.

[263] Vargo, S. L., Lusch, R. F. Evolving to a New Dominant Logic for Marketing[J]. *Journal of Marketing*, 2004, 68 (1): 1 - 17.

[264] Vargo, S. L., Lusch, R. F. Service - Dominant Logic: Continuing the Evolution[J]. *Journal of the Academy of Marketing Science*, 2008, 36 (1): 1 - 10.

[265] Vorhies, D. W., Morgan, N. A. A Configuration Theory Assessment of Marketing Organization Fit with Business Strategy and Its Relationship with Marketing Performance [J]. *Journal of Marketing*, 2003, 67 (1): 100 - 115.

[266] Wacker, J. G. A Theory of Formal Conceptual Definitions: Developing Theory - Building Measurement Instruments[J].

Journal of Operations Management, 2004, 22 (6): 629 - 650.

[267] Walster, E., Berscheild, E., Walster, G. W. New Directions in Equity Research[J]. *Journal of Personality and Social Psychology*, 1973, 25 (2): 151 - 176.

[268] Weitz, B. A., Jap, S. D. Relationship Marketing and Distribution Channels[J]. *Journal of the Academy of Marketing Science*, 1995, 23 (4): 305 - 320.

[269] Westbrook, R. A. Sources of Consumer Satisfaction with Retail Outlets[J]. *Journal of Retailing*, 1981, 57 (3): 68 - 85.

[270] Westbrook, R. A. Product/Consumption - Based Affection Responses and Postpurchase Process[J]. *Journal of Marketing Research*, 1987, 24 (3): 258 - 270.

[271] Westbrook, R. A., Oliver, R. L. The Dimensions of Consumption Emotion Patterns and Consumer Satisfaction[J]. *Journal of Consumer Research*, 1991, 18 (1): 84 - 92.

[272] Whetten, D. A. Albert and Whetten Revisited: Strengthening the Concept of Organizational Identity[J]. *Journal of Management Inquiry*, 2006, 15 (3): 219 - 234.

[273] Williamson, O. E. Transaction - Cost Economics: The Governance of Contractual Relations[J]. *Journal of Law and Economics*, 1979, 22 (2): 233 - 261.

[274] Wilson, D. T. An Integrated Model of Buyer - Seller Relationships[J]. *Journal of the Academy of Marketing Science*, 1995, 23 (4): 335 - 345.

[275] Windsperger, J. Centralization of Franchising Networks: Evidence from the Austrian Franchise Sector[J]. *Journal of Business Research*, 2004, 57 (12): 1361 - 1369.

[276] Wullenweber, K., Beimborn, D., Weitzel, T., Konig, W. The Impact of Process Standardization on Business Process Outsourcing Success[J]. *Information System Front*, 2008, 10 (2): 211-224.

[277] Yli-Renko, H., Autio, E., Sapienza, H. J. Social Capital, Knowledge Acquisition, and Knowledge Exploitation in Young Technology-Based Firms[J]. *Strategic Management Journal*, 2001, 22 (6-7): 587-613.

[278] Zahra, S. A., Ireland, R. D., Hitt, M. A. International Expansion by New Venture Firms: International Diversity, Mode of Market Entry, Technological Learning and Performance[J]. *Academy of Management Journal*, 2000, 43 (5): 925-950.

[279] Zeithaml, V. A., Berry, L. L., Parasuraman, A. The Behavioral Consequences of Service Quality[J]. *Journal of Marketing*, 1996, 60 (2): 31-46.

[280] Zonober, J. W. Resolving Conflict in the Firm[J]. *Law Practice Management*, 1990, 16 (6): 20-26.

上接本书封底

《创新产品供应链的供应柔性和库存风险管理》(2010.5) (张以彬 著 上海交通大学博士)
《产品市场竞争与公司治理有效性理论与实证》(2010.8) (谭云清 著 上海交通大学博士)
《信息差异化模型和形成机理研究》(2010.6) (朱启红 著 上海交通大学博士)
《组织创新气氛对员工创新行为的影响过程研究》(2011.6)(刘 云 著 上海交通大学博士)
《海外子公司的网络学习——经济社会学视角》(2009.9) (王宇露 著 复旦大学博士、博士后)
《中国上市公司多元化经营实证研究》(2009.8) (潘瑞姣 著 复旦大学博士)
《产权竞争与国企改制》(2009.9) (朱亚兵 著 复旦大学博士)
《中国和平崛起背景下人民币国际化战略研究》(2014.5) (张青龙 著 复旦大学博士)
《产业群组织生态演进研究》(2014.8) (王静华 著 复旦大学博士)
《能源对中国经济增长的动态效应研究》(2010.3) (胡 斌 著 上海财经大学博士)
《个人型和社会型象征意义对品牌忠诚的作用研究》(2010.3)(侯历华 著 上海财经大学博士)
《品牌经营研究》(2011.4) (马永生 著 上海财经大学博士)
《分销渠道中窜货行为及其治理策略研究》(2012.6) (洪 明 著 上海财经大学博士)
《渠道关系治理方式对农户行为影响机理研究》(2011.1) (蔡文著 著 江西财经大学博士)
《非均衡理论下住宅市场供求机制研究》(2011.1) (王万力 著 同济大学博士)
《基于多CODP的MC生产模型及其关键问题研究》(2012.2)(王 凤 著 同济大学博士)
《生态地产的技术发展和生物化模式管理研究》(2013.7) (施 堃 著 同济大学博士)
《房地产市场有效性的理论与实证研究》(2013.6) (段 芳 著 华东师范大学博士)
《香港回归与"一国两制"的"香港模式"研究》(2009.10) (王 燕 著 中国人民大学博士)
《基于公司控制权考虑的资本结构理论研究》(2009.11) (宋晓梅 著 天津大学博士)
《信息技术创新的组织实施问题研究》(2011.7) (陈 冬 著 天津大学博士)
《基于认知演化视角的企业技术创新研究》(2014.1) (湛 泳 著 南开大学博士)
《营销人员聘用管理模拟研究》(2010.5) (刘凤霞 著 华中科技大学博士)

《房地产企业成长理论模型与实践研究》(2006.9)　(史立辉　著　American Liberty University 博士)

《供应链中断风险控制与应急管理》(2015.6)　(张以彬　著　上海交通大学博士
龙　静　著　上海交通大学博士)

《基于“商业友情——朋友形象”转化的组织间交换关系维持研究》(2015.12)　(翟森竞　著　上海交通大学博士)

《基于大规模定制的动态联盟结盟与生产计划调度优化研究》(2015.12)　(王　凤　著　同济大学博士
刘小华　著　同济大学博士)

《电动汽车能量供给机制的复杂性与充电设施空间布局策略研究》(2014.11)　(丁雪枫　著　上海理工大学博士、同济大学博士后)

《提供商的信任对于发包商合作的影响——基于在华国际服务外包企业的实证》(2013.9)　(谭云清　著　上海交通大学博士、复旦大学博士后)

《基于信息技术的企业组织柔性构建——以虚拟企业为例》(2011.4)(原海英　著　武汉理工大学博士、上海交通大学博士后)

《企业高层管理团队人力资本与工作绩效评价研究》(2011.11)(王　卿　著　上海理工大学博士、同济大学博士后)

《中国房地产居间服务的功能及其实现机制研究》(2014.9)(杨玉红　著　上海交通大学博士、同济大学博士后)

《企业并购的产业效应研究》　(李瑞海　著　上海交通大学博士、同济大学博士后)

《可召回机制下的民航收益管理航位控制研究》(2012.6)(钟之阳　著　北京理工大学博士、同济大学博士后)

《“十二五”期间上海中小企业发展政策支持体系研究》(2010.12)(谈　毅　著　西安交通大学博士、清华大学博士后
杨　杰　著　上海财经大学博士)

《知识系统和电子商务中的网络理论与应用研究》(2011.3)(刘建国　著　大连理工大学博士、中国科技大学博士后
郭　强　著　大连理工大学博士)

《供应链质量管理与风险控制》　(张以彬　著　上海交通大学博士
张雄会　著　上海交通大学博士
洪江涛　著　上海交通大学博士、复旦大学博士后)